伟大的自己

阳明心学致良知传习读本

首部系统解析 阳明心学的教程
致良知学习活动 指定传习读本

陈向航 著

"龙场悟道"是阳明先生一生的转折点，
他发现了一个秘密，
并围绕这个秘密形成了影响中外的心学智慧体系，
本书就是要将这个秘密公布于众！

图书在版编目（CIP）数据

伟大的自己 / 陈向航著. -- 北京：北京燕山出版社, 2017.12

ISBN 978-7-5402-4809-3

Ⅰ.①伟… Ⅱ.①陈… Ⅲ.①企业管理—通俗读物 Ⅳ.① F272-49

中国版本图书馆 CIP 数据核字 (2017) 第 296677 号

伟大的自己

作　　者	陈向航
责任编辑	贾　勇　王　迪
责任校对	石　英
出版发行	北京燕山出版社
地　　址	北京市西城区陶然亭路 53 号
电　　话	010-65240430
邮　　编	100054
印　　刷	三河市灵山红旗印刷厂
开　　本	710mm×1000mm　1/16
字　　数	161 千字
印　　张	16.625
版　　次	2017 年 12 月第 1 版
印　　次	2017 年 12 月第 1 次印刷
定　　价	38.00 元

版权所有　违者必究

中国书法家协会会员,
中国作家协会会员,
原团中央统战部副部长,
全国青联副秘书长,
全国政协外事局局长、
机关党委副书记、
秘书局局长,
全国政协副秘书长

张道诚先生为本书题名

推荐序（一）

阳明先生被称为"真三不朽"的圣人，五百多年以来出现的唯一的圣人。人们常说中国历史上只有两个半完人，一位是孔子，一位是王阳明，还有半个是曾国藩，可见王阳明在后人心中的地位有多高。如此伟大的人物，他所弘扬的心学体系一定非常有价值，否则不会有门下弟子三千，并且有很多弟子比阳明先生年长、官位高，却甘愿位列弟子席位听阳明先生讲学。

我是在陈向航老师的培训现场结缘阳明心学的，从那一刻开始，我就立志弘扬这门伟大学问，唤醒更多人的内心"良知"，让致良知的伟大力量推动企业发展、推动社会进步、推动祖国强大和民族复兴！当我准备深入研究阳明心学的时候，我发现一个大问题，那就是偌大的中国居然没有一本关于阳明心学的教程，大部分的人都在读小说，小说里只是在讲述阳明先生有多么牛，甚至神化了阳明先生，但是先生的"心学"是什么呢？小说里没有提及，也说不清楚。于是我们都知道阳明先生非常牛，至于为什么这么牛，怎么向他学习，大家都是一头雾水。这就像我们阅读爱因斯坦的故事，读得再熟悉，也不代表你就掌握相对论了，同样道理，了解阳明先生的故事，不代表学习了"阳明心学"。

又有人提出来要读原文，这个建议很好，但是文言文的阅读障碍让很多人望而却步，买了书却读不进去，这对于阳明心学的传播形成了很大阻力。于是我就提出建议，是不是可以出一本通俗易懂而又体现心学精华的教程？当我拿到这本《伟大的自己——阳明心学致良知传习读本》的时候，我发现自己的愿望实现了，陈向航老师将培训课程整理成了教程，用一个个通俗易懂的故事来演绎和诠释深奥的阳明心学，非常容易理解，形式通俗而内容很实用、容易理解而又不失深度，非常适合作为企事业单位全员培训的教程，此书发行是推动阳明心学传播普及的一次不凡创举！

王天阁
晟天商学院校董会主席
致良知教育丛书策划人

推荐序（二）

人们一谈到企业管理，首先想到的就是制度化、流程化。在西方的管理哲学中，标准化、流程化是根本，许多中国企业以此模式为标杆，带动了企业成长与进步。近些年，一些新兴企业却出现了传统企业难以企及的快速成长，究其原因，其中重要的一条就是将管理回归到人性的本质上来。

以往我们研究管理学，是以西方思想作为主导，多注重外功，把人当作一种工具，按照固定模式来打造，就如同大工业时代的流水线，而忽视了人的特殊性，人有心，而心无界！西方的管理思想追求量化、精准、控制，这些都是值得肯定的，但是这一切必须以人为本，脱离了"人"，所有的一切都是空中楼阁，而对人的管理或领导的最高境界就是"深入人心"，谁能领导人心，谁就能从根本上解决企业的管理问题，"为将之道，当先治心。

然后可以制利害，可以待敌。"而治心的大智慧究竟在哪呢？

与陈向航老师合作有十年之久了，服务了很多国内优秀企业，一直在探寻"心"之路，通过一次又一次的深入探讨，我们发现这种智慧就在阳明心学中！尤其是阳明先生的致良知学说更是指路明灯。阅读完陈向航老师这本书，会发现原来我们都是"两个自己"，一个是真我，一个是假我。"真我"是本性的我，积极、阳光、善良、智慧且有担当；"假我"是习性浸染的我，消极、阴暗、恶念、愚钝且逃避。外在是内在的呈现，如果一个组织中所有人都能保持"真我"，就能产生巨大的"心"动力，呈现最佳的运营状态！这是对现代化管理的必要补充，让管理回归到人性上来，也是一个组织和个人实现自我突破的有效途径。

"致良知"让我们看到了"善"的力量，看到了人性中闪耀的伟大光芒，看到了一个个伟大的"自己"！一家企业如果能"致良知"，这家企业的经营战略就不会迷失；一个团队如果能够"致良知"，这个团队就不会受到不良风气的浸染；一个人如果能够"致良知"，这个人就不会在通往成功的道路上走错方向。站在"致良知"的高度去阅读这本书，你会发现每一段文字背后都蕴藏着一股伟大的力量，这股力量会帮助你去伪存真、发现真正伟大的自己！

陆　伟

北京大学华商教育中心首席顾问

推荐序（三）

与陈向航老师慢慢熟知，缘于教育局组织的校长论坛、百十佳优秀教师研修、新入职教师培训等几场学习活动。当大家聆听了陈老师的《阳明心学中的管理智慧》《知行合一，追求卓越》《悟心学智慧，塑阳光心态》等系列讲座之后，无论是校长、优秀教师，还是新上岗的年轻教师都被王阳明的心学魅力深深吸引，不折不扣地成为了"心粉"。

之后不久，得知陈向航教授的新书《伟大的自己》要面向广大教师、全国读者出版发行了，心中很是惊喜和期盼。盼望着教育一线的教师们能早日借助这本书学习阳明心学，尽早感悟到"知行合一"的真谛，第一时间去躬身践行"致良知教育"。

为什么说这本书适合教师们阅读呢？原由有三：

其一，《伟大的自己》有助于引领广大教师投身于"致良知教育",　"消除假我"、"唤醒真我"进而发现一个更伟大的自己。没有崇高的教育理想和使命感，就很难产生足够的教育工作热情，只有爱上教师这份职业，心中才会有源源不断的动力。作为教师，每天都会面对大量纷繁复杂的教育问题，有时一定会深感无力，这时就打开这本书，从阳明心学的智慧里，从"致良知教育"的精髓中去汲取力量，去寻求突破吧。

其二，《伟大的自己》有助于帮助广大教师在投身"致良知教育"中，习得"使习气消而本性复"这一塑造人的能力。诚然，得天下英才而教育之，是师者之幸，然而，当资质平平的孩童，经过一个有能力的老师教育启发，最终成长为好学生，成为栋梁之才时，那就是家长之幸，教育之幸！那么帮助一个学生变得更好的秘诀在哪里？怎样激发学生去发现"更伟大的自己"？请打开此书细细品读，有章可循地去掌握这个秘诀吧！

其三，《伟大的自己》有助于引导广大教师在投身"致良知教育"中，让教育回归本真，让师生收获幸福。教育是用心育心、用情化情，用人格塑造人格，用智慧启迪智慧，用幸福奠基幸福。"知之而至，则循理为乐，不循理为不乐。"当我们真正达到致良知的境界后，会体会到一种高尚的幸福感。一个个灵魂在我们的努力下得到净化，一个个生命在我们的教育中得以觉醒，学生发自内心的那声"感谢您"和至深至纯的师生情让我们超越平凡的生活，绽放美丽的人生。

真心希望每一位老师都能通过阅读本书，发现一个更伟大的自己；真心希望每一位老师都能运用致良知教育理念帮助学生成为最好的自己。

真心希望每一次致良知教育理念应用的背后都会有一个感人的正能量故事，每一个正能量故事的背后都会有一颗被唤醒的灵魂。

真心希望大家通过阅读这本书体验文化自信的力量，相信我们的圣贤智慧、相信伟大的自己，用致良知的力量助力中国梦！

刘　凯

全国优秀教师

河北省特级教师

河北省学科名师

前　言

十年前有学者向我推荐阳明心学的相关著作，我只是粗略翻了几页，认为这无非就是一个懂得带兵打仗的儒生讲了一些很常见的儒家观点，当时正研究法家思想的我就把这些书束之高阁了。后来我在工作中遇到了很多困惑，发现这些困惑用现代化管理思想很难解决，当有着同样困惑的客户向我寻求答案的时候，我产生了一种无力感！

在企业管理方面存在的问题：你可以花钱雇用一个人，却很难雇用到这个人的心；你可以用制度约束一个人的行为，却很难约束一个人的思想；你可以有效防止一个员工犯错误，却很难让一个员工全身心投入工作……

在家庭教育方面也存在同样的问题：你可以花钱把孩子送进各种辅导班，却很难让他爱上学习；你可以强制孩子按时上学，却很难让孩子的心也到达校园；你可以用物质奖励补偿孩子，却很难让孩子内心感受真正的幸福……

在婚姻生活方面也存在同样的问题：你可以让你的爱人按时给你打电话，却很难让他的心按时想念你；你可以确保自己的婚姻不触碰法律的底线，却很难如梦想般幸福甜蜜；你可以监听他的电话、监视他的行踪甚至跟他形影不离，却很难防止他的心中闯入别人的身影……

凡是看得见的行为问题都容易解决，凡是看不见的内心问题都是难题，我们经常说人心叵测，这个"人心"不仅是指别人，更是指自己，我们莫名其妙的烦恼、不知来源的怒火、突然产生的无力感和难以控制的情绪，这些都是来自内心的问题。心学的范畴远远超越了心理学范畴，内心的问题不一定就是心理问题，心理咨询只能解决很少一部分的内心问题，剩下的还是需要自己去修炼一颗阳光而强大的内心。

有人问什么叫"无力感"？举个例子，很多人只会开车，不会修车，甚至连玻璃水自己都没加过，一旦哪一天出现故障，车停在路边，在等待救援的时候，看着眼前的故障车辆干着急又无可奈何，这种感觉就是"无力感"！很多人在面对有关自己或别人"内心"问题的时候，都会产生无力感，而阳明心学就可以消除这种无力感，让叵测的内心变得有规律、可掌控！

或许正是因为这个原因，阳明心学在被尘封五百多年后又开始流行起来，北京大学陆伟教授对我说："向航老师，把你阳明心学培训的内容写成一本教材吧，这个课题有很高的价值，中国发展已经进入一个全新时代，这个时代需要心学！"越来越多的同事、客户、学员都强烈建议出一本有关阳明心学真正意义上的"教程"，大家需要的不是一本小说、不是一本文白对照的译本，而是有逻辑的、有体系的、通俗易懂而又凝聚心学精华的"教程"，这确实是一个不小的挑战，因为目前国内外还没有这样一本真正意义上的教程可以参考。

经过三年多的准备，我把自主研发的阳明心学的培训课程进行不断的优化升级，发现大家喜欢这样的课程设计，喜欢这样的内容呈现方式，于是我决定按照培训课件的逻辑将一本有关阳明心学的教程整理出来，才有了今天您手中这本《伟大的自己——阳明心学致良知传习读本》。

阳明先生说每一个人心中都住着一个圣贤，那就是我们的"良知"，在"良知"这一点上，人人皆平等，圣贤之人、普通人甚至恶人的"良知"都是一样多的，只不过圣贤的良知不被遮蔽，恶人的良知被严重遮蔽。良知就像太阳，习气就像乌云，习气太重，乌云就遮住了太阳，但是太阳并没有消失。阳明先生说恶念是习气，善念才是本性，如果能够做到"习气消而本性复"则"人人皆可为君子"，这是从根本上肯定了"人人生而平等"，肯定了所有人本性的善和伟大，所以说阳明心学是一门闪耀着人性伟大光芒的大学问！

　　阳明先生的"致良知"学说就是为了帮助更多的人驱散习气的乌云，让心中良知的阳光普照，当您真正理解"致良知"后，会突然发现一个"真我"，这个"真我"是高尚的、有修养的、正能量的、有智慧的……这个"真我"就在你心中，用心去品读这本书吧，你会发现一个"更伟大的自己"！

陈向航

2017 年 10 月 19 日于北京

如何用好这本书？

一、关于书中的故事

这本书的内容形式不同于常见的小说或文白对照译本，而是按照培训逻辑进行呈现的，书中有很多看似与阳明先生无关的故事，都是为了辅助准确理解阳明心学，将阳明先生要表达的深奥哲学观点通俗化，将那个特殊历史背景下的内容与今天的现实工作和生活联系到一起，所以您一定要结合阳明心学仔细品味这其中的每一个故事。

二、关于书中的【延伸阅读】

【延伸阅读】将经典原文中的经典语句进行分段导读和解析，这个环节并非是完全按照文言文与白话文的对照翻译模式进行的，因为如果仅仅是对照翻译，仍然无法准确阐述和表达特殊语境中的意思，为了便于读者朋友能够站在现代社会角度准确理解这些经典内容，本书【延伸阅读】部分以准确传递核心思想为原则，不拘泥于"对照"。

三、一定要阅读【经典原文】

经典原文中蕴藏着原汁原味的"阳明思想"，本书精心挑选了十八篇经典原文，每一篇都是精华，大家一定要认真品味每一篇、每一句。阅读时要先看原文，然后再看【延伸阅读】，要通篇看，不能只看重点语句，只有通篇阅读才能完整理解阳明先生要表达的观点，一遍看不明白就多看几遍，阅读过程不要着急，一定要静下心来，静心品味才能与阳明先生的伟大思想产生交流。

四、以发现"伟大的自己"为主线

"伟大的自己"就是"真我"，就是致良知的"我"，在阅读本书的过程中要不断对照自己，发现自己人性中的伟大，发现蕴藏在自己内心的巨大正能量。每一次阅读都是在驱散自己内心的阴霾，每一次思考都是在唤醒那个伟大的自己，在阅读过程中让自己内心光明、良知清澈、充满力量！

五、一定要写学习感言

在鉴赏每一篇经典原文后，你一定会有很多感动和收获，要

九、教条示龙场诸生 / 030

十、我们为何要有圣贤之志？ / 047

十一、良知是人的伟大本性 / 051

十二、致良知的内心不会乱 / 058

十三、驾驭内心欲望的心法 / 061

十四、致良知是一种长久快乐 / 063

十五、致良知才是真正的动力 / 071

十六、懂敬畏者才能成大事 / 074

十七、要相信圣贤的修为 / 082

十八、拒绝做情绪的奴隶 / 091

十九、强者不抱怨尽己责 / 100

二十、越强大越懂得自律 / 106

二十一、屈辱是强者的营养 / 113

二十二、胸怀大志不惧误解 / 115

二十三、唤醒更伟大的自己 / 127

二十四、格物致知的力量 / 136

二十五、要相信善的力量 / 144

二十六、致良知需知行合一 / 151

二十七、专注的力量是神奇的 / 158

二十八、破山中贼易，破心中贼难 / 165

目　录

推荐序（一）/ 001

推荐序（二）/ 003

推荐序（三）/ 005

前言 / 001

如何用好这本书？ / 001

一、我们都需要重新认识自己 / 001

二、"真我"与"假我"的较量 / 005

三、揭秘阳明四句教 / 008

四、阳明心学与西游记的巧合 / 011

五、艰难时刻要修心 / 015

六、两大才子的人生反差 / 019

七、王阳明的修心秘诀 / 022

八、发现致良知的秘密 / 025

善于捕捉内心闪过的这种感动，立即写下来，这是与"真我"的对话，这样点滴的记录会汇聚成强大的力量，当你再次回顾这些笔记的时候，会发现自己是那么的伟大！

六、要进行集体学习和分享

本书是为集体学习而设计的，三十二个章节和十八篇经典原文，适合每篇原文对应一次学习分享会。在分享会过程中，大家会一起形成一个强大的正能量场，发现彼此的善与美好，树立对"善"的信心，消除内心的负能量，一起发现"伟大的自己"，一起感受致良知的伟大力量！"致良知学习会"能够消除团队负能量、改善团队协作氛围、提高团队凝聚力、优化组织工作效率，让每一个人都成为团队的正能量中心！

让我们开始阅读吧，一起发现更多美好！

目 录

二十九、知行合一的智慧 / 181

三十、心中有他人，行动才有力量 / 196

三十一、学会让步也是一种修为 / 206

三十二、做大担当大自在的强者 / 223

向王阳明先生致敬 / 242

参考文献 / 243

一、我们都需要重新认识自己

在十九世纪的欧洲,一场战争结束之后,战败国的伤残士兵被抛弃了,他们无组织地散散漫漫返回故国,为了存活,很多伤残士兵在返回的途中沦为乞丐。这些士兵返程途中要经过一个小镇,镇上有一户人家非常热心,经常帮助路过的伤残士兵,于是很多路过的士兵都会去尝试讨一顿饭吃,来的人越来越多,于是这户人家的女主人决定不再无条件提供帮助,而是要这些士兵用劳动换食物。你可能觉得这位女主人太冷酷了,居然让伤残士兵为自己劳动,别着急下结论,先看看接下来的这一幕:

这一天,一位伤残士兵敲开了这户人家的门,表明来意,就是为了吃一顿饭,女主人很热情地让他进了院子,发现这位士兵左手袖子空荡荡的,看来只有一只胳膊了,士兵的表情非常沮丧,眼睛已经没有了光芒,充满了痛苦和迷茫。

女主人很有礼貌地说:"先生您好,欢迎您的到来,您可以帮我们一个忙吗?"

士兵有气无力地回答:"说吧,需要我做什么?"

女主人指着前院的一堆砖说:"您能帮我把这堆砖搬到后院去吗?"

女主人话音未落,站在她身边的儿子拉了一下她的衣服,小声问道:"妈妈,这堆砖头都来回搬了十几遍了,怎么今天又要搬啊?"

女主人用更低的声音回答说:"嘘!搬不搬这堆砖头,对咱家来讲是一样的,但是对于来吃饭的人讲,是完全不一样的!"

儿子一脸困惑,摇了摇头,跑开了。

站在旁边的士兵愤怒了,大吼道:"你为什么羞辱我?不愿意提供帮助就算了,为什么用这种方式羞辱我?还让我搬砖,你没看到我只有一只胳膊吗?"

女主人微笑着说:"一只胳膊怎么了?你看看,一只胳膊不也可以搬砖吗?"说着,女主人就开始做示范。

就在女主人弯身做示范的那一瞬间,这位伤残士兵的眼神变了,死灰一般的眼神突然有了光亮,那是对生活的希望之光。

刚刚还火冒三丈的士兵突然改变了态度,马上开始搬起砖来。就这样,这位士兵把一堆砖头搬到了后院,累得满头大汗。这时,女主人非常认真地说:"感谢您对我们的帮助,请一定留下来吃饭!"士兵心想,这不废话吗?不吃饭,难道就是来这儿搬砖的?

这家人像接待贵客一样招待了这位士兵，吃饭期间多次感谢他的帮助，就好像感谢一位英雄一样。吃完饭，士兵哭了，他站起来认真地向女主人行了一个军礼，又深深地鞠了一躬，然后离开了。

十年后，这户人家的门口突然来了一辆非常豪华的马车，上面下来一位富有的绅士，他在门口凝望着这里的一砖一瓦，自言自语道："跟十年前几乎一模一样！"然后走进院里，问是否还记得那个十年前只有一只胳膊还让搬砖的士兵？女主人猛地想了起来，赶忙说道："你的变化太大了，一点儿都认不出来了！看起来很有成就哦！真的不好意思，当年让你受委屈了！……"

"不不不，夫人，您没让我受委屈，您是我的恩人，我这次就是特意来感谢您的！"这位绅士很礼貌地边鞠躬边说。

"您知道吗？当年我从前线回来，一路上都在思考未来的人生，我失去了一只胳膊，还能做什么？内心充满沮丧，看不到任何希望！可是在您弯腰示范搬砖的那一刻，我突然意识到，自己还拥有一只胳膊，一路上我只关注自己失去的，却从来没有关注自己还拥有的，就在那一瞬间，我发现自己的未来还是有希望的！"这位绅士说着，眼圈儿已经红了。

"知道吗？一路上我就像个乞丐一样，得不到尊重，感觉一切都是那么的糟糕，而在您家用餐的过程，我得到了尊重，一种靠自己的劳动换来的尊严，尽管我知道这是您特意安排的，但是我真的感受到了尊严的味道，那顿饭是我一路走来吃的最美味的一顿，心中有尊严才能品味出美食的味道，否则一切都是苦涩的！"绅士激动地流下眼泪，继续说。

"于是我决定要重新找回自信，不管未来遇到多少困难，我都不会允许自己沦落为乞丐，这一辈子，我一定要靠自己的努力有尊严地活着！就这样，我十年内不敢有丝毫懈怠，才有了今天的一切，而这一切都是您给的，没有您的帮助，我真不敢想象今天的自己会是什么样子！"绅士说着又深深鞠了一躬！

女主人的儿子已经长大了，此时就站在她身边，于是她回头问儿子："还记得那句话吗？搬不搬这堆砖头，对于咱家来讲是一样的，可是对于来吃饭的人，那是完全不一样的！"

这次，儿子听懂了母亲的话，点头表示认同。

读到这里，您可能会想，这跟阳明心学有关系吗？

学习阳明心学的人总是特别想搞清楚"龙场悟道"到底悟出了什么？可是从很多资料上只能看到一句"圣人之道，吾性自足，向之求理于事物者误也！"这句话到底在表达什么意思？为什么"龙场悟道"的王阳明会如此兴奋？这么简单一句话又是如何形成庞大的心学理论体系的？

二、"真我"与"假我"的较量

阳明先生龙场悟道最核心的成果就是搞清楚了一件事，那就是"人分真我和假我"，"真我"就是不受任何习气影响的、致良知的"我"；"假我"就是被习气所浸染的、欲望所驱使的"我"。人最初的"真我"都是非常强大的，可是随着"假我"的不断强大，"真我"就会受到压制，甚至完全被"假我"所控制。

以往的"修身"方式都是以"假我"为基础，认为需要通过不断的学习来让这个"假我"越来越接近圣贤的标准，存天理灭人欲，从道理上讲是说得通的，但总有一种违背人性的感觉，实际实践中想达到圣人的境界非常难。

阳明先生龙场悟道的重大发现是什么呢？就是发现每一个人身上还有一个"真我"，这个"真我"完全符合圣人标准，无师自通、不学自会，如果能让这个"真我"发挥作用，人就会摆脱不良习气的影响、不被欲望所控制，完全可以遵循天理为人处世，这种呈现"真我"的过程叫作"习气消而本性复"，也就是致良知！

在前述故事当中，伤残士兵就是一个"真我"和"假我"的矛盾体，如图所示：

真 我	假 我
还拥有很多	失去了一只胳膊
内心积极，充满希望	内心消极，绝望沮丧
自信、自立、自强	自卑、依赖、堕落
需要被尊重	填饱肚子就可以
懂得感恩	愤怒和抱怨

导致这位士兵"假我"膨胀的原因是"失去了一只胳膊"，于是内心的负能量被引爆了，习气越来越重，"真我"虽然在内心挣扎，但是面对膨胀的"假我"却无法发挥作用。

女主人弯腰示范搬砖的那一刻，"假我"的谎言被"真我"揭穿了，所有这些负能量的表现其实并不是"失去一只胳膊"引起的，而是因为自身的习气所致。"真我"突然发现自己"还拥有很多"，于是开始强大起来，内心开始积极起来，充满希望。

用餐过程中，女主人不断感谢士兵，让他的"真我"觉得很舒服，"假我"只是追求填饱肚子而已，而"真我"是需要被尊重的，这种被尊重感在"假我"看起来一文不值，在"真我"看起来比生命都重要，于是"真我"觉醒了。刚开始的愤怒和抱怨都是站在"假我"的角度发出的，当"真我"觉醒后，内心由愤怒和抱怨变成了感恩，这位士兵从"假我"的乞丐状态变成"真我"的绅士状态，于是生命发生了巨大变化，十年间取得了巨大成就。

女主人不懂得经商、也不知道如何打造绅士，假如士兵遇到的是一个滔滔不绝给他讲如何经商赚钱、如何做绅士的人，他会接受并改变吗？这叫"向之求理于事物"，士兵很难接受，甚至会非常抵触。但这位士兵是幸运的，他遇到了一位帮他"致良知"的人，在女主人的帮助下，他重新发现了那个更伟大的"真我"，这才是真正的自己，这叫"圣人之道，吾性自足"，于是十年间不用别人监督，自己一直坚持努力，最终实现了自己的梦想。

一个人喝醉酒时和清醒时状态是不一样的，喝醉酒的人可能丑态百出，自己却浑然不知，教一个喝醉酒的人如何做到优雅文明，这是一件非常难的事情；如果这个人酒醒了，你即便不教他，他也不会继续丑态百出，反而会为自己的丑态懊悔不已。喝醉酒时的自己相当于"假我"，而醒来之后的自己相当于"真我"，致良知就是要唤醒"真我"，而不是教育那个烂醉的"假我"。

三、揭秘阳明四句教

阳明先生所开创的心学体系博大精深，很多人学了很多年也没搞明白，于是有弟子请求先生总结提炼一下，没想到先生仅用四句话就概括了全部精华，这四句话被称为"阳明四句教"。

无善无恶心之体，
有善有恶意之动，
知善知恶是良知，
为善去恶是格物。

这四句话内藏大智慧，我们一起来品读一下：

心之本体是无善无恶的，心地就像土地，你种什么就会长什么，广袤肥沃的土地上可以种植对人们有益的作物也可以种植对人们有害的作物，但土地本身是没有益和害之分的。一旦有起心动念，只要产生念头了，这个念头就会有善恶之分，怎么区分这个念头是善还是恶呢？良知就有这样的作用，可以马上识别这个念头是善还是恶，所以说知善知恶是良知。格物就是去其不正，当良知识别了善恶之后，格物的功夫就会帮助我们去做符合善念的事情而改正恶的念头。

通过阳明四句教，我们可以看出"真我"和"假我"之间的这样一种关系：

真 我	假 我
善念者，本性也	恶念者，习气也
知善知恶	善恶不分
为善去恶	放纵作恶
良知清澈	良知蒙蔽

阳明先生有三大理论贡献，分别是"知行合一""致良知"和"心即理"，可是阳明先生却用了大部分时间和精力在讲"致良知"，这是为什么呢？因为"知行合一"和"心即理"都是通过"致良知"来实践的，如果不能做到"致良知"，"知"就会出问题，就会"不知善不知恶"，那又与"行"怎么合一呢？如果不能致良知，心就无法做到"本体光明"，又如何与天理相通呢？致良知就是从"假我"状态到达"真我"状态，从善恶不分到知善知恶，这是阳明

先生发现的"成圣捷径",也是最有效的路径。这个过程不仅要理解道理,更要能够实践应用,所以阳明先生用了大部分时间和精力来讲解"致良知"。

四、阳明心学与西游记的巧合

我在讲阳明心学的时候,经常引用《西游记》的例子,《西游记》和阳明心学看上去根本没有任何关联,可实际上联系很紧密。

大家都知道,历史上真正的唐僧取经根本没有带着三个徒弟,可是《西游记》里为什么要安排孙悟空、猪八戒、沙悟净三个徒弟呢?有人说是为了让故事情节更有趣、更精彩,其实不仅是因为这个,更主要的考虑是,这样可以生动刻画唐僧的内心世界,我们一起看看唐僧师徒四人与"阳明四句教"之间是什么关系:

无善无恶心之体,这是指沙悟净,沙悟净取经路上一直挑着担子,勤勤恳恳,任劳任怨,看不出任何缺点,也很少发表明确的意见,一般都是说:"大师兄说得对啊!二师兄说得对啊!"很容易被孙悟空和猪八戒影响,自己没有明确的主张和意见。沙悟净在西游记当中就是在演绎唐僧的"心之体",无善无恶心之体!

有善有恶意之动，这是指猪八戒，猪八戒一路上起心动念最厉害，各种欲望干扰着猪八戒，对美食的欲望、美色的欲望、安逸的欲望、功利的欲望，私欲多，念头多，每一个念头非善即恶。在西游记里，猪八戒简直就是欲望的化身，其实这就是在演绎唐僧的"意之动"，有善有恶意之动。

　　知善知恶是良知，这是指孙悟空，孙悟空有火眼金睛、七十二变，可以在任何情况下识破假象。知善知恶，功利诱惑、美食诱惑、美色诱惑等等一切诱惑在孙悟空面前都不起作用。炼丹炉里炼了七七四十九天，五行山下压了五百年，孙悟空还是孙悟空，艰难困苦和世俗诱惑都不能改变孙悟空的本色。这看似在讲孙悟空，其实在演绎唐僧的"良知"和"智慧"，西游记中，唐僧收的第一个徒弟就是孙悟空，然后由孙悟空降伏猪八戒，如果不致良知，是很难降伏内心的私欲的。

　　致良知是最难的，也是最重要的，孙悟空大闹天宫，天兵天将都降伏不了他，这是唐僧最初的内心世界，怀疑一切、藐视一切、挑战一切，所以才会出现大闹天宫。阳明先生说人生第一大病就是一个"傲"字，不能消除傲慢，就很难致良知。阳明先生又强调"须在事上磨"，可见经历磨练的心更容易致良知，所以孙悟空被压在五行山下五百年，这五百年的价值是什么？就是修心！

　　唐僧收了三个徒弟，为什么偏偏给孙悟空戴上紧箍，还动不动就念紧箍咒？需要持戒的不是猪八戒吗？这个欲望的化身才需要控制啊，为什么给良知和智慧的化身戴上紧箍？这与阳明先生致良知理论的观点是完全一致的，先生说，欲望如杂草，良知如大树，如果天天把注意力放在杂草上，杂草非但除不尽，烦恼反而会越来越多，如果在心地里种下一棵良知的大树，天天给这棵大树浇水施肥，等良知的大树遮住了欲望杂草的阳光，大树底下就不长草了，所以修心应该把注意力放在致良知上，而非在控制欲望上。这样大家明白为什么只给孙悟空戴紧箍了吧？只要孙悟空不出问题，猪八戒就不会出问题，大家都不会出问题，一路降妖除魔的主力都是孙悟空，所以致良知的力量是非常伟大的！

为善去恶是格物，这当然就是指唐僧了，确切来说是指唐僧的"行动"，在西游记中，三个徒弟保护唐僧，其实就是唐僧通过本体光明、良知清澈和消除私欲来实现自己的"格物"即为善去恶的行动，西天取经的过程就是唐僧实践致良知的过程，本质上是消除"假我"，唤醒"真我"的过程！

真　我	假　我
孙悟空、沙悟净	猪八戒
知善知恶	善恶不分
不被诱惑，看透真相	被欲望所驱使，不明真相

我在培训现场经常跟学员开玩笑讲："你们都是走在取经路上的唐僧，每一个人都想取得真经修成正果，但你总不能只带着

猪八戒上路吧？你的孙悟空呢？你的沙悟净呢？赶紧去救你的大徒弟，他还在五行山下压着呢，不致良知就不会有孙悟空这样神通广大的徒弟，也就很难取得真经！"

五、艰难时刻要修心

心性是一种看不见的东西，却在影响着无数人的命运，有人因为心性之不足，虽满腹经纶、一身才华，却演绎了一个悲剧人生；有人内心强大、心性修养极高，虽屡经磨难、屡遭不公，却在别人悲观怜悯的眼神中演绎了一个成功人生。如果把人生看成是一盘棋，明正德元年（1506年）三十七岁的王阳明手中的那盘棋简直糟糕透了，因为上书为戴铣等人求情，且言语措辞并无不当之处，却因此得罪了宦官刘瑾，被廷杖四十，投了诏狱。廷杖四十是什么概念？一般人廷杖二十就会被打得昏死过去，如果被廷杖四十，即便死不了，屁股上也得割下两三斤腐烂的肉，可想而知，对于文官王阳明来说，这是多么大的打击。然后又被投了诏狱，诏狱是什么概念？当下有很多以明朝锦衣卫为题材的影视作品，都提到过诏狱这个地方，其中有一部电影，一位遭到通缉的锦衣卫被同事抓获，一听说要被投诏狱，当即自裁，他的理由是，进了诏狱生不如死，宁死不进诏狱，可见被投诏狱是一件多么恐怖的事情。就这样，原本仕途一片光明的王阳明遭到重大打击，前途突然变得一片黑暗。

以王阳明的智慧，怎么会如此鲁莽地跟着戴铣等人得罪刘瑾呢？王阳明固然正直，但也一定清楚，在戴铣等人入狱后，上书求情劝皇上收回圣旨，这可是风险很大的，十有八九是龙颜大怒，更别提刘瑾等人可能会党同伐异、栽赃陷害。王阳明为什么会在这种情况下急着得罪刘瑾呢？最大的可能是王阳明想保护父亲王华，正德元年（1506年），宦官刘瑾专权，朝中大臣纷纷奔走其门，而王华却不与其来往，刘瑾素慕王华为人，曾两次派人对王华说，他与王华有旧，王华若能去见他一面，可入阁为相，王华操守坚定，不肯趋附刘瑾。上书弹劾刘瑾的谏言大臣戴铣等人被廷杖并投了诏狱，此时王阳明和父亲王华如果都保持沉默，必然会遭到诸多忠良之臣的非议，所以王阳明就赶在父亲之前上书为戴铣等人求情，这样一来，既保护了父亲，又表明了自己的立场，此举真的是忠义孝道之举。

王阳明后来被贬到龙场做驿丞，从一个京官突然跌落至喂马的九品驿丞。重伤未愈的王阳明得到指令，立即赴任，不得延误，就这样拖着重病之躯，带着两位仆人，王阳明向着龙场出发了。路途环境极其险恶，可是还有比环境更险恶的，那就是叵测的人心，刘瑾贬了王阳明的官，显然并没有打算就此放过他，而是派出锦衣卫一路追杀，王阳明这一路上真可谓九死一生。

而就是在如此险恶的环境中，在赴龙场的路上，王阳明居然挥笔写下这样一首诗《泛海》：

险夷原不滞胸中，
何异浮云过太空。
夜静海涛三万里，
月明飞锡下天风。

从这首诗可以看出王阳明心性修养之高，虽然经历各种危险，九死一生，然而阳明先生却视作"何异浮云过太空"，用现在时髦的话讲就是"神马都是浮云啊！""天空飘来五个字儿，那都不是事儿！"在如此险恶的环境中，阳明先生居然感觉自己就好像乘着神仙的锡杖飞一般的感觉，可见内心之豁达与强大。

在被贬赴龙场的路上，阳明先生一直有着这样一个信念：

居常无所见，唯当利害，经变故，遭屈辱，平时愤怒者到此能不愤怒，忧惶失措者到此能不忧惶失措，始是能有得力处，亦便是用力处。天下事虽万变，吾所以应之，不出乎喜怒哀乐四者。

六年后这句话出现在了王阳明先生写给弟子王纯甫的书信中，这可是阳明先生经历九死一生的切身感悟，没有这样的人生经历，怎会有如此深刻的感悟？

这句话的意思是：经常处在一种稳定安逸的状态中是很难有所反思和进步的，只有面对利害抉择、经历变故、遭受屈辱，遇到以前容易愤怒的情况现在能做到不愤怒，遇到以前容易惊慌失措的情况现在能做到不惊慌失措，遇到问题能够权衡利弊做出最有利的选择和判断。天下的事情虽然千变万化，但是我们应对的选择无非是喜怒哀乐四种情绪。

在弱者看来，磨难是致命的打击，会让人心灰意冷、斗志全无，从而任人宰割、随波逐流；而在强者看来，这是反思和进步的机会，而且只有经历变故、遭受屈辱才能真正提升心性！

心性提升的表现是什么呢？"遇到以前容易愤怒的情况现在能做到不愤怒，遇到以前容易惊慌失措的情况现在能做到不惊慌失措，遇到问题能够权衡利弊做出最有利的选择和判断"，这就是心性修为好的表现！所以阳明先生认为："人须在事上磨练做功夫乃有益。若只好静，遇事便乱，终无长进。"这句话后来出现在阳明先生与弟子陈九川的对话中，意思是：人必须在事上磨练，在事上用功才会有帮助。若只爱静，遇事就会慌乱，始终不会有进步。

真 我	假 我
历经磨练更坚强	面对打击失去斗志
掌握命运	任人宰割
面向美好未来	沉浸在过去的黑暗中

六、两大才子的人生反差

与王阳明先生同时期的还有另一位江南才子唐寅（字伯虎），他的名字因为周星驰的喜剧电影《唐伯虎点秋香》而家喻户晓，在现代人看起来，唐伯虎比王阳明有名气。在喜剧电影里，唐寅是那么的逍遥自在、风流倜傥，而实际上唐寅却远没有那么自在，甚至可以说是一个悲剧式的人生。两位江南才子相差仅两岁，同样怀有安邦定国之志，同样都有出众的才华，却有着截然不同的两种人生：王阳明成为立功立德立言"三不朽"的圣人，活着的时候就已经成为明朝第一阵营的大人物；而唐寅的一生却是穷困潦倒、郁郁而终，虽然在书画上有较大成就，但同大多数书画名家一样，那也是在去世多年后才逐步被认可，而且这也绝非唐寅的志向，实属迫不得已。

为什么两位江南才子的人生会有如此大的反差呢？唐寅因为

牵连上泄题案而被贬到一个县衙做小吏，王阳明因为得罪刘瑾而被投了诏狱，而后又被贬龙场做个小小驿丞，前者并无性命之忧，而后者被锦衣卫一路追杀；前者是被安排在县衙做小吏，而后者是要远赴环境艰险恶劣的荒蛮之地（正德年间龙场还属于荒蛮未开化之地）；有人说是因为唐寅是富二代，王阳明是官二代，两个人的政治背景不一样，可是大家不要忽视一点，王阳明的父亲王华在正德元年（1506年）已经被刘瑾明升暗降了，正德二年（1507年）又被刘瑾找了一个小借口就"被退休"了，王阳明的各方面处境都不比唐寅强，甚至要比唐寅的处境艰难得多！

在这种情况下，心性就开始发挥作用了，就像二百斤的重量分别压在一只老虎身上和一只猫身上，前者很痛苦但不会因此丧命，而后者却会因此丧命。在痛苦和磨难面前，比的已经不是体格是否强壮了，而是内心是否强大，也就是心性修为的水平。

显然，唐寅和王阳明在文采造诣上是一个量级的，而在心性修为上却根本不是一个量级，唐寅在被贬之后，内心极其愤怒和失落，拒绝到指定的县衙赴任，选择了回到江南自己的温柔乡，开始了放荡不羁的生活。而王阳明在死里逃生后，被贬龙场的路上居然还能对未来充满希望，仍然没有忘记自己当年立志成为圣贤的志向。对于唐寅来说，面对打击，安邦定国之志已经如过眼烟云，而对于王阳明来说，九死一生的艰险才是"浮云"，心中的志向依然如磐石一般坚定。

唐寅在回到江南的温柔乡后,内心失落之极,抱怨世道不公,痛惜自己怀才不遇,狂傲的性格加上脆弱的内心,让唐寅面对打击选择了妥协和堕落,于是他写了这么一首小诗:

> 不炼金丹不坐禅,
> 不为商贾不耕田。
> 闲来写幅丹青卖,
> 不使人间造孽钱。

看上去逍遥自在,字里行间却充斥着对现实的无奈,与王阳明那种"何异浮云过太空"的从容和坦荡相差甚远。

真 我	假 我
不抱怨	抱怨
不忘志向	迷失方向
自律	堕落

七、王阳明的修心秘诀

王阳明到达龙场之后，当地环境的恶劣程度远超出预想，随从的仆人都因为恶劣的环境病倒了，本来体弱多病的王阳明却要反过来照顾几位随从仆人，每天给他们熬药喂药，此时的王阳明或许意识到了一点，相比恶劣的环境，内心的负能量更可怕！看看这些平日里身强体壮的人却都病倒了，就验证了这一点。

每当王阳明内心产生沮丧情绪时，他就把注意力全部放在自己的"志向"上，一想到自己十几岁就立下的"圣贤之志"，就会有一种满血复活的感觉。王阳明甚至认为这种恶劣的环境更有利于修心养性，因为没有外界的诱惑，内心的世界更容易静下来，更容易向内探索。实际上也是如此，别说什么诱惑了，外界全部都是已经恶劣的不能再恶劣的环境，哪儿有什么诱惑可言？既然外部的环境无法改变，那就想办法改变自己的内心吧，行有不得，反求诸己。此时的王阳明在苦苦思索一个问题：圣人之道到底应该如何修？

一天，王阳明远远看到一位来自京城的小官，带着儿子和一位仆人路过龙场，三位都是一脸的愁容，本来想过去聊两句，看到对方情绪如此低落就没有过去打招呼。第二天听说这位官员在离开龙场后，死在了赴任的路上，第三天这位官员的儿子也死在了路上，紧接着随从的仆人也倒在了路边。阳明先生闻讯赶紧让仆人安排埋葬了这三个人，并叹息道，既然内心如此不情愿，又为什么要为这五斗米折腰？既然已经选择去赴任了，又为什么内心如此的忧愁和不情愿？其实当阳明先生第一眼看到这三人的时候，就开始为他们担心了，因为他心里很清楚，相比恶劣的环境，内心的悲观情绪更可怕，没想到他们这么快就被自己内心的情绪"杀死"了。

有这样一则故事，一位年轻人在回城堡的路上遇到了"死神"，并得知"死神"要在第二天把这个城堡中100个人的生命带走，年轻人拼命跑回城堡，赶紧把这个恐怖的消息告诉了全城的人。结果，第二天，这个城堡里居然有1000多人失去了生命，年轻人愤怒指责死神言而无信，明明说好要带走100人，为什么会死掉1000多人？死神笑着对年轻人说，这是得益于你的帮助，真正的死神从来都不是能看到的这种凶神恶煞，而是看不到的、深藏在人们心中的那份恐惧，是内心的恐惧让人们失去了生命，与死神没有关系。年轻人听完之后追悔莫及……

或许是同样的道理吧，因为内心有悲观情绪，所以王阳明身强体壮的仆人先病倒了，看上去身体并无大碍的官员一行三人纷纷死在了赴任的路上。看到这样的场景，王阳明逐渐意识到，一个人的内心世界是多么的重要，如果不能在心性修为上得到突破，很可能就会被艰难的环境和各种磨难所摧毁。

在艰难的环境中，王阳明更渴望强大的心之力，而每当想到自己的圣贤之志，他就感觉有一种强大的力量，于是他意识到了立志对于一个人的重要意义。"夫志，气之帅也，人之命也，木之根也，水之源也。源不濬则流息，根不植则木枯，命不续则人死，志不立则气昏。是以君子之学，无时无处而不以立志为事。"这句话的意思是：一个人的心志影响着这个人的气节，就好像是人的命、树的根、水的源头。源头不疏通水流就会消失，树根不培养树就会干枯，生命不延续人就会死亡，志向不立人就会昏昏沉沉没有气节！

阳明先生后来在《教条示龙场诸生》和《示弟立志说》等多篇文章和书信中多次强调了立志的重要性，可见立志在阳明先生看起来多么的重要。

八、发现致良知的秘密

既然心中仍然有成为圣贤的志向,那就得做与这个志向一致的事情,倘若只是在龙场这样的恶劣环境中等待机会,恐怕机会还没等来,人就已经一命呜呼了。于是阳明先生决定要主动做一些更有意义的事情,龙场驿丞这个职位对于阳明先生来说实在是太清闲了,而此时的龙场一带尚未开化,经济落后,多民族混居,语言不通,民风粗蛮,这些都是影响社会稳定的大隐患,一旦遇到灾荒之年,贼人作乱,这些荒蛮之地势必成为民乱重灾区。阳明先生是被刘瑾迫害才来到这荒蛮之地的,按常理来讲,应该对朝廷充满怨言,可此时的王阳明却忘记了世道对自己的不公,开始忧国忧民。阳明先生脑海中闪过一句话:"君子素其位而行,不愿乎其外。素富贵,行乎富贵;素贫贱,行乎贫贱;素患难,行乎患难;故无入而不自得。"

这句话的意思是：君子应该懂得知足常乐，安于现在所处的地位，明确自己的责任，做应该做的事，不能生出非分之想。对于我们来说，无论处于什么地位，都应该做自己应该做的事情。比如我们居于富贵地位，就应该做富贵人应该做的事；居于贫贱的地位，就应该做贫贱之人应做的事；假如我们居于边远地区，那么就应该做在边远地区应该做的事；假如我们处于危难中，就应该寻找解决危难的方法。如此说来，君子无论处于什么情况，都能够安然自得。

阳明先生眼前一亮，心中也一亮，处在龙场这样艰苦的环境中，身居驿丞这样卑微的职位上，不就是实践"素其位而行"的最佳时机吗？这句话让阳明先生不再心有怨言，而是静下心来思考一件事情：就在当下，应该做什么？

当内心只想着自己的痛苦，整个世界都是灰暗的，就像电影《亚瑟王：斗兽争霸》中的情节一样，传说谁能从石头中拔出王者之剑，谁就是真正的国王，亚瑟拔出了宝剑，却无法驾驭王者之剑的力量，因为他心中只有自己的痛苦。当越来越多的臣民为了他而牺牲，亚瑟看到了大家的痛苦，逐渐忘掉了自己的痛苦，内心开始装下天下黎民百姓，于是他成功驾驭了这把王者之剑的力量，终于成为了真正的国王。

龙场的艰难经历，对于阳明先生来讲，恰似亚瑟掌握王者之剑力量的过程，当他心中只想着圣贤之志时，全部注意力就聚焦于为朝廷做有价值的事和为当地百姓谋福利，这样一来，内心的私欲私怨瞬间消失了，内心的动力开始变得强大，头脑开始变得清醒，前途突然光明起来。

与当地土著居民的沟通怎么开始呢？要是上来就给他们讲圣贤之学，估计根本不会有人听，那么站在当地居民的角度来看，目前最需要什么呢？阳明先生发现当地居民不会盖房子，住宿条件非常糟糕，此时阳明先生自己也住在潮湿阴冷的山洞里，对百姓恶劣的住宿环境感同身受，于是决定从教大家盖房子开始与大家建立良好的沟通关系。

很多人劝阳明先生，说当地土著居民野蛮未开化，若想在这样的地方传播圣贤之学，实施教化，简直比登天还难。在众人的质疑和劝说下，阳明先生还是顺从了自己的内心，开始与当地居民交流。当第一批土著居民在阳明先生的指导下住进新盖的房子后，他们欢呼雀跃，认为阳明先生太神奇了，绝非凡人，居然还会建造如此舒适的房子。于是越来越多的居民开始建造房子，龙场这位驿丞成了当地居民心中的神人，大家对阳明先生心存感激。

一天，阳明先生的洞口突然聚集了大批土著居民，二话不说就开始打地基建造房屋，阳明先生的仆人们说："坏了，这些人要占用咱们的洞口盖房子！"当房子盖好后，这些当地百姓聚在阳明先生的洞口，此时阳明先生才明白，原来洞口的这个大房子是给他盖的，看着大家善良清澈的眼神，这其中哪里有一丝的野蛮？他们知恩图报、思想纯洁、良知清澈，身上散发着人性的伟大光芒。在百姓的盛情邀请下，阳明先生和他的随从一起走进了这个大房子，看着这个大房子的每一个细节都是那么的用心，就知道大家是用这所房子来表达感恩之情的，阳明先生被大家的真诚和善良深深打动了，他决定将这所房子用来传播圣贤之学，办一个书院，而第一批学生，就从眼前这些百姓开始。

这些土著居民身上散发的伟大人性的光芒让阳明先生陷入深思，他们未曾听到过圣学教化，怎么会有如此高的品行？他们知恩图报、思想纯洁、良知清澈，这些不都是圣贤教化民众要达到的状态吗？为什么这些身处蛮夷之地的土著居民，身上会有圣贤教化的光芒？阳明先生带着这个问题，久久无法入睡，恍恍惚惚睡着后，突然间，他猛地坐了起来，大声说道："圣人之道，吾性自足，向之求理于事物者误也！"身边正在熟睡的仆人被吓得一下子坐了起来，大家一开始以为是阳明先生白天操劳过度，晚上说梦话呢，定睛一看，只见阳明先生一脸喜悦，兴奋不已。阳明先生终于悟道，他看到："恶者，习气也；善者，本性也！使习气消而本性复，圣人之道也！"也就是说每一个人的内心都住着一位圣贤，每一个人的本性都是圣贤的本性，之所以表现出来的不如圣贤，是因为私欲的干扰和习气的浸染，假如能消除习气，恢复本性，人人皆可为圣贤！这里说的"使习气消而本性复"就是致良知！这就是著名的龙场悟道！

龙场悟道的阳明先生决定从龙场这个地方开始全新的人生征途，也决心用悟道的智慧影响当地的百姓，就这样，龙场讲学开始了，龙岗书院就这样一步步产生了。

阳明先生结合当地居民的实际情况，讲授"知行合一""致良知"学说，再结合四书五经的内容，发现大家居然听得津津有味，一传十，十传百，小小龙场出名了，就因为这里来了一位用与众不同的方式讲授圣贤之学的先生，大家慕名而来，一时间当地民风大变，移风易俗，匪患消除，百姓勤耕，实现了路不拾遗、夜不闭户的治世太平景象，周边甚至京城很多学子和官员都纷纷闻讯而来，很多高官甘愿位列学生席，聆听阳明先生的教诲。

真 我	假 我
素其位而行	非分之想
为志向而努力	为私欲而忧愁
相信善的力量	充满恶的念头

九、教条示龙场诸生

在开讲第一课,阳明先生给诸弟子制定了一个学习规矩,称为《教条示龙场诸生》,也称为《龙场教条》,内容分别是"立志、勤学、改过、责善",大家听完后无不拍手称赞,一致认为这不仅是学习的规矩,更是不断成功成长的方法论,非常经典,下面我们来一起学习下这个教条。

经典原文鉴赏

《教条示龙场诸生》

诸生相从于此,甚盛。恐无能为助也,以四事相规,聊以答诸生之意。一曰立志,二曰勤学,三曰改过,四曰责善。其慎听毋忽!

立 志

志不立,天下无可成之事。虽百工技艺,未有不本于志者。今学者旷废隳惰①,玩岁愒时②,而百无所成,皆由于志之未立耳。故立志而圣,则圣矣;立志而贤,则贤矣;志不立,如无舵之舟,无衔之马,漂荡奔逸,终亦何所底乎?昔人所言:"使为善而父母怒之,兄弟怨之,宗族乡党贱恶之,如此而不为善,可也。为善则父母爱之,兄弟悦之,宗族乡党敬信之,何苦而不为善、为君子?使为恶而父母爱之,兄弟悦之,宗族乡党敬信之,如此而为恶,可也。为恶则父母怒之,兄弟怨之,宗族乡党贱恶之,何苦必为恶、为小人?"诸生念此,亦可以知所立志矣。

勤 学

　　已立志为君子，自当从事于学。凡学之不勤，必其志之尚未笃也。从吾游者，不以聪慧警捷为高，而以勤确谦抑为上。诸生试观侪辈③之中，苟有"虚而为盈，无而为有"，讳己之不能，忌人之有善，自矜自是，大言欺人者，使其人资禀虽甚超迈，侪辈之中有弗疾恶之者乎？有弗鄙贱之者乎？彼固将以欺人，人果遂为所欺，有弗窃笑之者乎？苟有谦默自持，无能自处，笃志力行，勤学好问；称人之善，而咎己之失；从人之长，而明己之短，忠信乐易，表里一致者，使其人资禀虽甚鲁钝，侪辈之中，有弗称慕之者乎？彼固以无能自处，而不求上人，人果遂以彼为无能，有弗敬尚之者乎？诸生观此，亦可以知所从事于学矣。

改 过

　　夫过者，自大贤所不免，然不害其卒为大贤者，为其能改也。故不贵于无过，而贵于能改过。诸生自思，平日亦有缺于廉耻忠信之行者乎？亦有薄于孝友之道，陷于狡诈偷刻④之习者乎？诸生殆不至于此。不幸或有之，皆其不知而误蹈，素无师友之讲习规饬也。诸生试内省，万一有近于是者，固亦不可以不痛自悔咎，然亦不当以此自歉，遂馁于改过从善之心。但能一旦脱然洗涤旧染，虽昔为盗寇，今日不害为君子矣。若曰吾昔已如此，今虽改过而从善，将人不信我，且无赎于前过，反怀羞涩疑沮，而甘心于污浊终焉，则吾亦绝望尔矣。

责　善

"责善，朋友之道"；然须"忠告而善道之"，悉其忠爱，致其婉曲，使彼闻之而可从，绎之而可改，有所感而无所怒，乃为善耳。若先暴白其过恶，痛毁极诋，使无所容，彼将发其愧耻愤恨之心；虽欲降以相从，而势有所不能。是激之而使为恶矣。故凡讦人之短⑤，攻发人之阴私，以沽直者，皆不可以言责善。虽然，我以是而施于人，不可也；人以是而加诸我，凡攻我之失者，皆我师也，安可以不乐受而心感之乎？某于道未有所得，其学卤莽耳。谬为诸生相从于此，每终夜以思，恶且未免，况于过乎？人谓"事师无犯无隐"，而遂谓师无可谏，非也。谏师之道，直不至于犯，而婉不至于隐耳。使吾而是也，因得以明其是；吾而非也，因得以去其非。盖教学相长也。诸生责善，当自吾始。

①隳惰（huī duò）：懈怠。隳，通"惰"。

②玩岁愒时：愒（kài）。指贪图安逸，旷废时日。同"玩岁愒日"。

③侪辈（chái bèi）：同辈；朋辈。犹辈分。

④偷刻（tōu kè）：刻薄。

⑤讦人之短：讦（jié）。揭发别人的隐私或攻击别人的短处。

立 志

　　一个每天被梦想叫醒的人和一个每天被闹钟叫醒的人状态一定是不一样的,电影《中国合伙人》中成东青有一句经典台词是:梦想是什么?梦想就是一种让你感到坚持就是幸福的东西!很多人就是因为没有这种"东西",所以每天懒懒散散、浑浑噩噩。我们经常讲一个人一定要有梦想,这个梦想一定要足以让你的生命更加有状态,这个梦想一定是对这个社会有意义的,一定是利他成己的!其实所谓的梦想就是"立志",只不过今天的大多数人都将梦想理解成"得到什么"而非"成为谁",所以梦想降低为"物质性目标",驱动力就会不足。

　　如果把一个人的生命比作鸡蛋,大家都知道鸡蛋从内部打破是新生命的诞生,而从外部打破就变成了食物,人的生命也是如此,仅靠外部约束和驱动就变成了行尸走肉的"躯壳",如果靠内在动力自我驱动就可以成为非常精彩的人生,而这种内在动力就需要真正有意义的梦想,也就是要有坚定的"志向",这就是今天我们要谈的话题"立志"!阳明先生认为"志不立,天下无可成之事",也就是告诫我们,天下所有成功的人都是有自己坚定志向的,如果一个人内心没有"立志",是什么也做不成的。阳明先生在《教条示龙场诸生》中第一条就谈"立志",而且在以后的书信中又多次谈到"立志",可见先生对"立志"一说的重视。

让我们一起品味几句经典原文:

1.志不立,天下无可成之事。虽百工技艺,未有不本于志者。

不立志的人,什么事也做不好,就算是那些靠手艺而有所成就的人,也没有不立志的!先生这句话告诉我们,人人都需要立志,不管想在什么领域有所成就,都必须立志!

2.今学者旷废隳惰,玩岁愒时,而百无所成,皆由于志之未立耳。

现在有很多人看起来好像很忙碌的样子,实际上懒懒散散,浪费了大好时光,一年年过去了,最终什么成就也没有,都是因为没有好好"立志"。

3.故立志而圣,则圣矣;立志而贤,则贤矣;志不立,如无舵之舟,无衔之马,漂荡奔逸,终亦何所底乎?

所以立志成为圣贤,就可以成为圣贤,如果不立志,就好像一艘船没有舵、一匹马没有缰绳,漂浮不定,看起来很忙碌却可能是原地打转儿,最终能实现什么呢?

4.昔人所言:"使为善而父母怒之,兄弟怨之,宗族乡党贱恶之,如此而不为善,可也。为善则父母爱之,兄弟悦之,宗族乡党敬信之,何苦而不为善、为君子?使为恶而父母爱之,兄弟悦之,宗族乡党敬信之,如此而为恶,可也。为恶则父母怒之,兄弟怨之,宗族乡党贱恶之,何苦必为恶、为小人?"诸生念此,亦可以知所立志矣。

这段话总的意思是,我们要本着一个什么样的原则"立志"呢?就是这个"志向"愿意让自己的父母兄弟还有家族同乡都知道,而且知道你这个志向的人都发自内心的喜欢你、尊重你、信任你且以你为自豪。如果你的"志向"会让父母恼怒、兄弟抱怨、家族同乡蔑视厌恶,这样的"志向"就是有问题的。大家遵循这个原则,就知道应该怎样正确"立志"了。

勤 学

学习阳明心学的学员都知道"知善知恶是良知",但善恶的标准又是什么呢?如果对于善恶的标准不分,人们就很难真正做到"知善知恶",也就很难"致良知"。人们对于一些显而易见的"善恶"是很容易区分的,这种一眼就能看得出来的"善与恶"在认知上是没有难度的,所以大家认为"知善知恶"很容易,其实不然,因为真正困扰人们内心的恰恰是那些"似是而非"的问题。

很多思想和行为存在问题的人，内心并不是真的想"作恶"，他们也想被人尊重，也想做好人，只不过他们并没有意识到自身有问题，混淆了"善恶"，没有一个清晰的标准，也就是我们经常说的"价值观模糊"。阳明先生为什么在《教条示龙场诸生》之《勤学》一篇中专门讲这两种人的标准？其实就是为了让弟子们树立正确的价值观和"荣辱观"，这种价值观和荣辱观决定了人们喜欢什么和厌恶什么，进一步决定了人们做人做事的行为规范，对两类人进行清晰"定义"，其实就是在规范弟子们的"善恶"标准，这是一个统一价值观的教育过程，所以先生才着重进行了讲解。那么阳明先生眼中的上等人是什么标准呢？

让我们一起品味几句经典原文：

1. 凡学之不勤，必其志之尚未笃也。

阳明先生认为一切惰性的根源来自于志向不够坚定；内心没有梦想，行动就没有力量，所以立志是关乎人生成败的大事，我们将在下一次分享中重点谈谈"立志"的学问。

2. 从吾游者，不以聪慧警捷为高，而以勤确谦抑为上。

阳明先生说，跟随先生学习，先生所看好的不是那些聪明机灵的人，而是那些勤奋坚定谦虚和有自制力的人。阳明先生这一句话提纲挈领地诠释了"上等人"的标准，否定了常人眼中的"优秀"标准，那些常人眼中聪明机灵的优势，在阳明先生看来并不是真正的上等品质。

3.苟有"虚而为盈，无而为有"，讳己之不能，忌人之有善，自矜自是，大言欺人者，使其人资禀虽甚超迈，侪辈之中有弗疾恶之者乎？有弗鄙贱之者乎？彼固将以欺人，人果遂为所欺，有弗窃笑之者乎？

假如有这样的人，分明没有什么学识却假装什么都懂，忌讳别人谈及自己不擅长的，嫉妒别人的优势，固执己见，经常说大话蒙别人，即使这样的人天生很聪明，在座各位有没有反感厌恶的？就算大家暂时被他忽悠了，有没有在背后嘲笑他的？

4.苟有谦默自持，无能自处，笃志力行，勤学好问；称人之善，而咎己之失；从人之长，而明己之短，忠信乐易，表里一致者，使其人资禀虽甚鲁钝，侪辈之中，有弗称慕之者乎？彼固以无能自处，而不求上人，人果遂以彼为无能，有弗敬尚之者乎？

假如有人谦虚内敛而又有自制力，自称无能，志向坚定又努力践行，勤学好问，经常称赞别人的长处而反思自己的过失，学习别人的长处而清楚自己的短处，忠厚老实、阳光快乐、平易近人并且表里如一，这样的人就算天生不够聪明，在座各位有没有喜欢并称赞的？就算他自称不如人，不争强好胜，人们也认为他无能，但内心对他有没有尊敬之心？

上述几句话可见阳明先生用心之良苦、智慧之卓越、良知之清澈！

改 过

记得我第一次读阳明先生《教条示龙场诸生》"改过"这篇文字时，深深地被阳明先生的正能量感动了，倘若我能早五年看到这篇文字，或许我可以培养更多的优秀人才，倘若我能早十年看到这篇文字，或许我可以远远超越今天的成就。阳明先生这篇《改过》可以让一切见闻者心生信心，先生将一个人曾经的过失归为"皆其不知而误蹈，素无师友之讲习规饬也"，意思是因为没有老师教导和朋友劝告纠正而误犯过错，先生此言完全没有责怪之意，充满了包容和同情之心；先生又强调"不可以不痛自悔咎，然亦不当以此自歉，遂馁于改过从善之心"，告诉大家意识到自己曾经犯过的错误后，不能不反思悔过，但也不能过于自责以至于失去改过自新的信心，可见先生非常重视学生"进步"的信心！阳明先生之用心良苦，每每读到这些话我就发自内心地感动，由衷地向阳明先生致敬！

让我们一起品味几句经典原文：

1. 夫过者，自大贤所不免，然不害其卒为大贤者，为其能改也。

故不贵于无过，而贵于能改过。

大贤之人也会犯错，但是不影响他们成为大贤，为什么？因为能改！所以，最可贵的不是从不犯错，而是知错能改！

2.诸生自思，平日亦有缺于廉耻忠信之行者乎？亦有薄于孝友之道，陷于狡诈偷刻之习者乎？诸生殆不至于此。不幸或有之，皆其不知而误蹈，素无师友之讲习规饬也。

大家想想，平时有没有哪些行为违背了忠信廉耻的做人原则？或者违背了孝悌忠义的原则，让自己有了狡诈刻薄等不良习气？当然大家还不至于产生这样的行为。但如果不幸你有过这样的行为，那也是由于不知道而误犯，是因为长期缺乏老师教导和朋友劝告纠正而导致的。

3.诸生试内省，万一有近于是者，固亦不可以不痛自悔咎，然亦不当以此自歉，遂馁于改过从善之心。但能一旦脱然洗涤旧染，虽昔为盗寇，今日不害为君子矣。

大家内心反思一下，万一有过类似过错，千万不能不反思悔过，但也不能过于自责内疚，于是失去改过自新的信心。只要能下决心改掉以前的坏习性，就算以前是盗寇，今天也不影响你成为君子。

4.若曰吾昔已如此，今虽改过而从善，将人不信我，且无赎于前过，反怀羞涩疑沮，而甘心于污浊终焉，则吾亦绝望尔矣。

如果你内心认为，反正我以前已经这样了，今天就算改过自新，别人也不会相信我的，而且也改变不了以前犯过的错误，于是就开始内心羞愧沮丧而自暴自弃，我也会对你失望的！

阳明先生这段话告诉我们，人人心中都住着一位"更伟大的自己"，人人都是圣贤，只要愿意"脱然洗涤旧染"，就可以"为君子矣"！而且改过要有勇气、要有决心、要有信心！不管别人怎么看待自己，尽管努力去做更伟大的自己！

责 善

记得第一次读《教条示龙场诸生》看到"责善"这篇时，我深思了好长一段时间，反思自己在责善方面的不足，甚至到了夜不能寐的程度。由于受到西方管理思想的影响，我在工作中的沟通向来都是"直言不讳"，语言风格一向非常犀利，看到一个人有缺点时，恨不得把这个人批得一无是处，有一种"嫉恶如仇"的快感，可是当我看到阳明先生有关责善的阐述时，我才知道这种不考虑对方感受的"直言不讳"叫作"激恶"！什么叫"激恶"？就是激发了对方的负面情绪甚至恶念。当一个人被批得一无是处的时候，当一个人被否定、讽刺、挖苦的时候，就会产生对抗、叛逆、沮丧、破坏等一系列不良情绪和思想，原本是希望通过沟通让对方进步,结果却导致对方产生一系列负面情绪和行为,这就是因为缺乏"责善"的大智慧!

让我们一起品味几句经典原文:

1. "责善,朋友之道";然须"忠告而善道之",悉其忠爱,致其婉曲,使彼闻之而可从,绎之而可改,有所感而无所怒,乃为善耳。

朋友之间相处就应该互相"责善",也就是多提一些能促进对方进步的建议或意见,但是必须讲究方法,就是给出忠告的同时要善于引导,表达对对方的真诚和爱护,用对方能接受的语言表达,使对方听了明白怎么行动,归纳总结一下知道要改正什么,有深刻的感受而没有不良情绪,于是愿意更加向善。

2. 若先暴白其过恶,痛毁极诋,使无所容,彼将发其愧耻愤恨之心;虽欲降以相从,而势有所不能。是激之而使为恶矣。故凡讦人之短,攻发人之阴私,以沽直者,皆不可以言责善。

如果语言太过于简单粗暴,把对方说得一无是处,使对方无地自容,对方就会恼羞成怒而产生愤恨之心;你虽然想让对方接受你的建议,但却很难做到,这就是激发了对方的恶念,反而更加向恶了。所以,但凡揭人短、攻击别人隐私来显示自己正直的,都不是真正的"责善"!

3. 虽然，我以是而施于人，不可也；人以是而加诸我，凡攻我之失者，皆我师也，安可以不乐受而心感之乎？

即便我是出于善意的目的，也不能这么与人沟通。但是如果别人出于善意的目的跟我沟通，凡是能批评我的过失的，我都把他们当作老师，怎么能不心存感激地快乐接受呢？

4. 人谓"事师无犯无隐"，而遂谓师无可谏，非也。谏师之道，直不至于犯，而婉不至于隐耳。使吾而是也，因得以明其是；吾而非也，因得以去其非。盖教学相长也。诸生责善，当自吾始。

人们常说与老师相处不能冒犯也不能有所隐瞒，似乎是说老师是不会犯错的，其实不是的。这是想告诉我们，给老师提意见，不能直言到冒犯的程度，也不能委婉到隐瞒了真相。我希望通过听到大家的意见而明白自己做的好与不好的地方，从而有则改之无则加勉，不断保持优点，改进缺点，大家学习责善，先从给我提意见开始！

如果能深刻理解阳明先生这段话，我们就会有足够的胸怀来接受别人的意见，不断改善自己，让自己向善成长；同时，我们也会掌握伟大的"责善"智慧，让人们听到我们的意见"有所感而无所怒"，从而最大限度地激发善念、消除恶念，达到使人向善的目的！这套"责善"的方法适用于管理、家庭沟通、子女教育、人际交往、教学管理等方方面面，希望大家认真学习体悟，做到知行合一！

真　我	假　我
心怀梦想	得过且过
谦虚好学	骄傲自满
敢于改过	不知有过
称人之善	嫉人有善
尊重他人	伤害他人

学习感言

不积跬步，无以至千里；不积小流，无以成江海。写下学习感言的过程，是知识沉淀的过程，也是梳理内心的过程！

十、我们为何要有圣贤之志？

阳明先生的龙场第一讲是成功的，现场所有的弟子都被阳明先生独到的观点打动了，大家纷纷立下圣贤之志，决心改掉自身那些有害的习气，向着心中的目标不断成长。有人问，自古以来才寥寥几个圣贤，动不动就立下什么圣贤之志，感觉太虚无缥缈了，而且以圣贤的标准来要求自己，是不是要求太高了？脚踏实地岂不是更好？

正在阅读此书的读者或许也会产生类似疑问，如果的确有这样的疑问，那是因为对阳明先生那句"圣人之道，吾性自足"理解的还不够充分。其实，圣贤在这里不仅是指一种成就，更多的是指一种境界、一种觉悟、一种标准、一种方向，阳明先生有这样一首小诗：

> 个个人心有仲尼，
>
> 自将闻见苦遮迷。
>
> 而今指与真头面，
>
> 只是良知更莫疑。

王阳明认为，人人心里都住着一个像孔夫子一样的圣贤，人人都有成为圣贤的潜质。不过，世间大多数人的"圣贤潜质"被自己的偏见妄见所遮蔽，自己并不知道。现在直接告诉大家，这种"圣贤潜质"的本质就是"良知"，大家不必有任何的怀疑。

这种成为圣贤的潜质人人都有，只是我们把"圣贤"二字看得太高、想得太难，所以没有信心去成为圣贤。此时，一定会有读者心想，哪儿是没信心啊，是压根儿就觉得没有必要！这个世界上注定圣贤是凤毛麟角，绝大多数的人都成不了圣贤，既然是这样，还去追求什么圣人之道？圣贤给人的感觉是超凡脱俗的，说得难听一点，就是不食人间烟火的，我们有必要学习圣贤吗？……类似的想法很多，都是因为不清楚所谓圣贤之志到底追求什么？

圣贤之志的追求之一就是"自己成为自己真正的主人"！难道自己不是自己的主人吗？在内心圣贤的潜质被开发出来之前，人都不是自己的主人，而是"心为物役"，什么意思呢？就是我们的内心被外界事物所奴役，我们很难掌控自己的内心，内心早已经沦为外界事物的奴隶，甚至我们的喜怒哀乐都被外界事物所控制，成为这个物欲横流的世界所操纵的一个玩偶而已。你可能觉得这是危言耸听，可是你看看那些纵情声色的、追逐物欲的、放纵自己的人，哪一个不是"心为物役"？再看看那些斤斤计较的、尔虞我诈的、烦躁不安的人，哪一个不是被外界事物所控制？你想静的时候，能静得下来吗？你想快乐的时候，能快乐得起来吗？你想清除内心烦恼的时候，能做得到吗？……

"心为物役"就会烦恼不断，"心为物役"就会被各种负能量缠绕，一切痛苦、不安和无奈都是因为我们无法掌控自己的内心，自己不是自己的主人，又怎么能决定自己的命运呢？

看到这里，你还认为"圣贤之志"可有可无吗？你还认为圣贤学问虚无缥缈吗？圣贤是一种心性修为的境界和标准，即便成不了圣贤那样的大成就，也要追求圣贤那种"心不为物欲所役，身不为世俗所驱"的心境，这样才会少一分负能量、多一分正能量，才能真正成为自己的主人，在这样的心境中，如果想有一番成就，也不是难事。

阳明先生另一首小诗也是关于这种圣贤潜质的：

问君何事日憧憧？

烦恼场中错用功。

莫道圣门无口诀，

良知两字是参同。

这首诗要表达的意思是：你的内心因为什么事而每天摇摆不定？如果没有圣贤之志，不按圣贤的标准要求自己，就会充满烦恼，即便再拼命努力也很难有真正的进步。千万不要说成为圣贤的道路上没有捷径，"良知"就是经过验证的好方法。阳明先生再次强调，致良知是达到圣贤境界的"最有效途径"！

真 我	假 我
掌控内心	心为物役
情绪的主人	情绪的奴隶
充满正能量	被负能量缠绕
内心坚定	摇摆不定

十一、良知是人的伟大本性

到底什么是"致良知"呢?致良知就是达到一种善的、正确的认知状态!良知是人本性中那些闪光点,比如恻隐之心、荣辱之心、感恩之心等等,这些都是人性本来就有的,甚至不仅人有这些,就是其他动物也都有这些良知闪光点。我们在媒体上会经常看到这样的报道,一只狗或一只猫因为某种原因身亡,它的同伴在旁边久久不愿离去,甚至有哀鸣声,这就是动物身上的恻隐之心;小狗被主人骂之后也会表现出情绪低落,这就是动物所具备的荣辱之心;忠犬舍身救主人、乌鸦反哺、羊羔跪乳这些都是动物所具备的感恩之心……动物身上尚且有这样的良知闪光点,何况是人呢?

人的本性中这些良知的闪光点是不用依赖后天教育的,是与生俱来的,阳明先生将良知称为"生而知之"的圣人智慧。可是,我们在人的身上也看到了阴险狡诈、凶残贪婪、自私自利等阴暗的一面，所以关于"人性本善还是本恶"的争论持续了两千多年也没有一个结论，那么人性到底是本善还是本恶？阳明先生在家书《与克彰太叔》中明确提出"恶念者，习气也；善念者，本性也"，认为人性的本源是善的，没有"生而恶者"，之所以有恶念，是因为良知被习气所浸染，就像乌云遮住了太阳，本性是阳光明媚的，可是表现出来的却是阴云密布，驱散阴霾重见天日的过程就是"致良知"！致良知要怎么实现？就是要通过学习，所以阳明先生说："使习气消而本性复，学问之功也！"

真 我	假 我
恻隐之心	凶残贪婪
荣辱之心	阴险狡诈
感恩之心	自私自利
不染习气	习气重

经典原文鉴赏

《与克彰太叔》

克彰号石川师之族叔祖也听讲就弟子列退坐私室，行家人礼。别久缺奉状，得诗见迩来进修之益，虽中间词意未尽纯莹，而大致加于时人一等矣。愿且玩心高明，涵泳义理，务在反身而诚，毋急于立论饰辞，将有外驰之病。所云"善念才生，恶念又在"者，亦足以见实尝用力。但于此处须加猛省①。胡为而若此也？无乃习气所缠耶？

自俗儒之说行，学者惟事口耳讲习，不复知有反身克己之道。今欲反身克己，而犹狃于口耳讲诵之事，固宜其有所牵缚而弗能进矣。夫恶念者，习气也；善念者，本性也；本性为习气所汩②者，由于志之不立也。故凡学者为习所移，气所胜，则惟务痛惩③其志。久则志亦渐立。志立而习气渐消。学本于立志，志立而学问之功已过半矣。此守仁迩来所新得者，愿毋轻掷。

若初往年亦常有意左、屈，当时不暇与之论，至今缺然。若初诚美质，得遂退休，与若初了夙心，当亦有日。见时为致此意，务相砥砺以臻有成也。人行，遽不一一。

恶念者，习气也；善念者，本性也；本性为习所胜、气所汩者，志不立也。痛惩其志，使习气消而本性复，学问之功也。

噫！此吾师明训昭昭告太叔者告吾人也，可深省也夫！德洪为亿弟书。

①猛省：深刻反省。

②汩（gǔ）：弄乱；扰乱。

③痛惩：深切地警戒。

延伸阅读

很多学者称这篇原文发人深省、振聋发聩,理解此一篇,胜读百卷书,也有很多初学阳明心学的学者因为这篇原文而深深迷上阳明心学,让我们先欣赏一下这篇文章中的经典语句:

1. 夫恶念者,习气也;善念者,本性也;本性为习气所汩者,由于志之不立也。

一个人产生恶念,是习气所致;产生善念,是因为本性使然;善良的本性之所以被恶的习气所扰乱,是因为缺乏坚定的人生志向!

2. 故凡学者为习所移,气所胜,则惟务痛惩其志。久则志亦渐立。志立而习气渐消。学本于立志,志立而学问之功已过半矣。

所以凡是被习气浸染干扰的人,都应该在立志上下狠功夫,慢慢的志向就明确了,不良的习气就随之逐渐消失了,学习的根本在于立志,志立了学问的成就已经达成一半了。

3. 恶念者,习气也;善念者,本性也;本性为习所胜、气所汩者,志不立也。痛惩其志,使习气消而本性复,学问之功也。

恶念是习气所致,善念是本性使然,本性被习气所干扰和影响，是因为没有立志，在立志上狠下功夫，使不良的习气消退而恢复善良的本性，这才是真正做学问的成就！

这封家书清晰地解读了恶念与善念的关系、习气和本性的关系，也告诉了大家"使习气消而本性复"的修炼方法，就是"立志"。这里的"本性复"其实就是"致良知"，致良知就是消除错误认知、去掉不良习气，让本性中那个善的真我显现出来，达到善的、正确的最佳认知状态。希望大家认真品读，将这股强大的正能量化为自己致良知的动力！

学习感言

不积跬步，无以至千里；不积小流，无以成江海。写下学习感言的过程，是知识沉淀的过程，也是梳理内心的过程！

十二、致良知的内心不会乱

在私欲的驱动下会产生不良思想和习惯，进而形成习气，沾染习气会让人变成一个矛盾体，一方面怀有良知之心，一方面又可能做着违背良知的事情。在很多反腐题材的影视作品中，我们可以看到很多这样的矛盾体，很多误入歧途的官员，都有着廉洁勤政爱民的外部光环，我们不能说他们虚伪，因为大部分这样的官员在一开始都想做个好官，做一个受百姓爱戴的好官，即使没想过做好官，也一定不想遗臭万年，让后世子孙抬不起头来。但是他们为什么会一步步误入歧途呢？因为习气浸染，在私欲的驱使下，内心越来越矛盾，于是找到一系列似是而非的观点和歪门邪说来麻痹自己的良知之心，本来良知是保护自己的，可以让自己远离邪见、避免误入歧途，而很多人却弃良知而选谬误，实在是可悲！

一个天天钻研权谋之术和逢迎陋习的人，再清澈的良知，时间久了也会被遮蔽，取而代之的一定是恶念恶习。一个天天学习致良知和知行合一的人，即便原来身上有一些习气，生命的底火一旦旺了，习气就像漂在开水上的雪，再多也会融化！为官如此，经商做企业也如此，做人做事都应保持一颗良知清澈的心！

一个人内心的志向一般会被两种力量摧毁，一种是压力和打击，一种是诱惑。很多人能经受住压力和打击，却经不住诱惑，为什么呢？因为压力和打击是来自于外部的，单纯的外敌是容易抵御的，而诱惑看似来自于外部，其实是内心的欲望，这种欲望会产生"内乱"，一旦内乱，一个人的意志就会被瓦解，从而失去抵抗能力。解放初期，毛泽东不断强调要求共产党人要警惕糖衣炮弹，很多在战场上不怕牺牲的英雄，却频频被糖衣炮弹击中，结果没牺牲在战场上，却牺牲在名利场上，这就是心性修为问题，一个无法驾驭内心欲望的人，注定会起"内乱"，内乱一起，就会生邪见、有恶习、做错事、入歧途，从而葬送自己。

所以阳明先生强调"心兵不乱，万事从容"就是这个道理，要想"心兵不乱"，就得让良知主导内心，而不是让欲望控制内心，如果内心任凭欲望驱使，又怎么不乱呢？

真 我	假 我
表里如一	表里不一

光明正大	阴暗苟且
控制欲望	被欲望控制
心兵不乱	心生内乱

十三、驾驭内心欲望的心法

有弟子问阳明先生:"我也想控制自己频繁出现的各种欲望,可是越控制,欲望反而越强烈,每天感觉非常疲惫,要想做到心兵不乱太难了!"

阳明先生笑着说:"你把注意力全都放在欲望上,当然欲望越来越强烈,欲望如草,野火烧不尽,春风吹又生,你又怎么能战胜这种欲望呢?"

弟子听完非常不解,问道:"那难道任凭欲望肆虐吗?又如何做到心兵不乱呢?"

阳明先生反问道:"要想让这层出不穷的野草消失,除了拔草和用火烧,还有别的办法吗?"

弟子回答说:"除非不给它阳光雨露!"

阳明先生高兴地说:"对!之所以长草,是因为有适合草生长的环境，之所以有欲望，是因为有适合欲望滋生的心境，如不改变环境，草是除不尽的，如不改变心境，欲望是无法消除的！"

弟子赶忙追问："先生一席话，学生茅塞顿开，敢问先生，这心境如何改变呢？"

阳明先生回答："欲望如青草，良知如大树，立志、勤学、改过、责善就是在为良知这棵大树浇水施肥，大树底下不长草，等良知这棵大树大到足以遮住所有的阳光时，心境中就自然不会产生欲望的野草了！"

弟子俯首拜谢："先生此言，足可以化解天下书生内心之困惑，学生一定在致良知上用功夫！"

这段对话非常经典，不仅化解了书生士子内心的困惑，也让很多修行的人心中一亮，如果不能"使习气消而本性复"，如果不能致良知，那么修行持戒就变成了一种压制内心欲望的对抗，稍有一点点诱惑，就会心生内乱，想要做到心兵不乱是很难的。而阳明先生一番话，让原本很难的事情，突然变得简单了。

真 我	假 我
改变心境	对抗欲望
恪守本性	沾染习气
轻松自在	内心压抑

十四、致良知是一种长久快乐

阳明先生有小诗一首:

> 人人自有定盘针,
> 万化根源总在心。
> 却笑从前颠倒见,
> 枝枝叶叶外头寻。

这首诗中的"定盘针"就是很多人苦苦寻找的那种让自己"心兵不乱"的力量,人们面对外部压力、打击和诱惑,面对内心的欲望和困惑,发现总是充满无力感,如果能找到一种定力,可以让自己"心兵不乱,万事从容",人生就会更加有力量。圆规为什么能画出完美的圆?因为心已定,脚在动。很多人的生活为什么杂乱无章、充满负能量？因为心不定，脚不动！

人人自有定盘针，这个定盘针是什么呢？就是指人人心中的"良知"，良知是生命的中心和原点，只要良知不迷失，人生的轨迹就会朝着正确的方向发展。以往人们疲于应付各种外界的问题，发现生活和事业中有太多的烦恼和无奈，当发现"良知"这个定盘针后，突然发现万事万物的根源都在心上，"行有不得，反求诸己"，提升了自己的心性，很多问题就会迎刃而解。一旦明白这个道理，就会笑自己以前是多么的荒唐，抓不住根本，而在表面上浪费工夫。

曾有学员问我："向航老师，参加您的培训课程受益匪浅，阳明心学真的很伟大，但是如果真按照阳明先生的致良知和知行合一的标准去做人做事，人生会不会少了很多乐趣？"

有这样的疑惑是因为自己依然沉浸在世俗私欲之乐，而没有真正理解致良知之乐，世俗私欲之乐是暂时的，往往在乐的背后就是痛苦，就像纵容自己享受美食的快乐，就要承担身体发胖和疾病的痛苦；纵容自己享受悠闲懒惰的快乐，就要承担学业事业荒废的痛苦；纵容自己享受黄赌毒的快乐，就要承担家破人亡的痛苦！世俗之乐是以放纵欲望为前提的，欲望是蒙蔽良知的，而良知是一个人的定盘针和守护神，如果良知被蒙蔽了，痛苦就随之而来了。

那么致良知的快乐是什么呢？致良知的快乐都是长久的，往往在快乐的背后都是成就,就像喜欢上用心工作的快乐,收获的是认可和尊重;喜欢上天伦之乐,收获的是更加美满的家庭;喜欢上助人为乐,收获的是更和谐的人际关系;喜欢上运动健身,收获的是更加健康的体魄;喜欢上阅读学习,收获的是更加睿智的人生!致良知之乐都是以积极追求为前提的,良知的大树越来越旺盛,大树底下不长草,反而私欲越来越少,这样的快乐永远不会带来痛苦,快乐的背后还是快乐!

所以阳明先生在《答王虎谷》一文中引用程子的话说:"知之而至,则循理为乐,不循理为不乐。"意思是如果能做到致良知了,就会以内心遵循天理为快乐,如果不能遵循天理就会感觉不快乐!这样一来,哪儿还会因为实践致良知和知行合一而少了快乐呢?

真 我	假 我
追求高尚的快乐	追求世俗之乐
自律	放纵自己
以致良知为乐	以纵欲为乐

经典原文鉴赏

《答王虎谷》

下面我们一起来品读一下《答王虎谷》的经典原文：

承示：别后看得一性字亲切。孟子云："尽其心者，知其性也；知其性，则知天矣。"此吾道之幸也，喜慰何可言！"弘毅"之说极是。但云"既不可以弃去，又不可以减轻；既不可以住歇，又不可以不至"，则是犹有不得已之意也。不得已之意与自有不能已者，尚隔一层。程子云："知之而至，则循理①为乐，不循理为不乐。"自有不能已者，循理为乐者也。非真能知性者未易及此。知性则知仁矣。仁，人心也。心体本自弘毅②，不弘者蔽③之也，不毅者累之也。故烛理明则私欲自不能蔽累；私欲不能蔽累，则自无不弘毅矣。弘非有所扩而大之也，毅非有所作而强之也，盖本分之内，不加毫末焉。曾子"弘毅"之说，为学者言，故曰"不可以不弘毅"，此曾子穷理④之本，真见仁体而后有是言。学者徒知不可不弘毅，不知穷理，而惟扩而大之以为弘，作而强之以为毅，是亦出于一时意气之私，其去仁道尚远也。此实公私义利之辩，因执事之诲而并以请正。

①循理（xún lǐ）：依照道理或遵循规律。

②弘毅（hóng yì）：宽宏坚毅；刚强，勇毅。谓抱负远大，意志坚强。

③蔽（bì）：遮，挡。隐藏。欺骗，隐瞒。

④穷理（qióng lǐ）：穷究事物之理。

延伸阅读

王虎谷：明朝尚书王云凤（号虎谷），名云凤，字应韶，明朝山西和顺县人，成化二十年（1484年）进士。因出生于虎谷（今和顺县前虎峪村）故自号虎谷，人称虎谷先生。王虎谷以及其父亲和爷爷都是当时朝廷要员，人称一门三尚书。明朝正德皇帝为表彰王家祖孙三代为国效力有功还专门修建了虎谷坟。

他为人正直，不依附权贵，敢于直谏，朝中的那些贪官都怕他、恨他。他在朝中掌管御史台时，上纠百官，下执天下十三道按察使。他向皇帝参倒了两个大奸臣，一个叫刘谨，一个叫李广。

明武宗正德十一年(1516年)十一月，王云凤去世，时任右佥都御史。

1.知之而至，则循理为乐，不循理为不乐。

如果能做到致良知了，就会以内心遵循天理为快乐，如果不能遵循天理就会感觉不快乐！

2.心体本自弘毅，不弘者蔽之也，不毅者累之也。故烛理明则私欲自不能蔽累；私欲不能蔽累，则自无不弘毅矣。

人心本来就是光明而坚定的，如果不去扩充就会被蒙蔽，如果不够坚定就会感到疲惫，所以要不断保持心之本体光明，私欲就不会蒙蔽内心或让内心感到疲惫，这样人的内心就没有不光明而坚定的！

学习感言

不积跬步，无以至千里；不积小流，无以成江海。写下学习感言的过程，是知识沉淀的过程，也是梳理内心的过程！

十五、致良知才是真正的动力

正是因为内心有私欲,所以外界的诱惑才会让自己生"内乱",这一点在前面我们已经提到过,人人都不想被人所欺,那应该如何做,才能让自己拥有火眼金睛看破世间一切谎言骗局呢?记住一个口诀,就是"不自欺,不欺人,则人不欺"。

很多上当受骗的人,本质上不是外界的骗局骗了自己,而是自己内心的私欲欺骗了自己,因为心中的定盘针没有发挥作用,面对外界诱惑或威胁的时候,是私欲在指挥自己,而不是良知在指导自己,所以就容易上当受骗。很多时候,上当受骗的人比骗子本身还渴望骗局是真的,比如全国各地不断在打击传销,警方一般习惯用"解救"一词,可是这些被解救的大量基层传销人员在返乡后却又自动在原地聚集起来,死灰复燃,怎么会这样呢?因为他们内心有私欲,他们甚至比传销的头目更渴望财富神话是真的，这种私欲让他们眼红了、心黑了、良知蒙蔽了，于是真假善恶不分！你在救他，他却反咬你一口，认为你在害他；你认为他上当了，他认为是你无知！良知蒙蔽严重的人就是这种状态，内心被外界事物所奴役，人就变成了欲望的奴隶，真的可怕又可悲！

也有学员在培训现场问我："向航老师，阳明先生的致良知学说真的很好，可以让我们找到生命的原点，让内心更有力量！可是如果真的把所有的欲望都消灭了，心岂不是如死灰一般，哪里还有什么动力？"

如果你也有类似的想法，那就是搞错了欲望和动力的关系，欲望会变成一种动力，但动力不是全部来自欲望，有一种比欲望更强大的动力来源，就是"致良知"，如果把欲望看作是常规能源，良知就是太阳能，前者有枯竭的时候，并且有污染，后者取之不尽用之不竭，只要太阳别被乌云遮住，动力就源源不断。这样说可能有点儿抽象，我们举个例子：

一个为了继承父母财产而尽孝心的人和一位本着纯正的孝悌之心而尽孝心的人，哪位动力更持久？一个为了拿到高额报酬而战斗的雇佣兵和一个为了捍卫民族独立和国家尊严而战斗的战士，哪位动力更强大？……

欲望会形成动力，但相比致良知的力量，欲望产生的动力是微弱的，而致良知的力量是伟大的！

真　我	假　我
动力源自良知	动力来自欲望

十六、懂敬畏者才能成大事

良知被蒙蔽的人是很难理解良知清澈的人所作所为的，就比如下面这个关于《天知地知你知我知》的典故：

东汉杨震是个广受赞誉的清官。他做过荆州刺史，后调任为东莱太守。他去东莱上任时路过冒邑，冒邑县令王密是他在荆州刺史任内荐举的官员，听到杨震到来，王密晚上悄悄去拜访杨震，并带十斤黄金作为礼物。

王密为什么送如此贵重的礼物？一是对杨震过去的荐举表示感谢，二是想通过贿赂这位老上司希望以后继续得到关照。可是杨震当场拒绝了这份礼物，说："故人知君，君不知故人，何也？"王密以为杨震假装客气，便说："幕夜无知者。"意思是说这是晚上，而且没有别人知道。杨震当即非常生气，回应道："天知地知你知我知，怎说无知者？"王密十分羞愧，只得带着礼物，灰溜溜地走了。

另一个典故《恐惊天上神》与王阳明父亲有关：

传说，阳明先生的父亲王华早年进京赶考，投宿在一个富豪人家，这家的主人年事已高，续了好几房妾，也没有生下一个儿子，于是逐渐对自己也没什么信心了。这一天，正为传宗接代而发愁的富豪看到才貌双全的王华，心里产生了一个非常龌龊的想法，提笔写下了一张字条"欲借人间种"，并叫来年轻的小妾嘱咐了一番。晚上，富豪的小妾来到王华的房间，表明了来意，想尽各种办法诱惑王华，而王华义正言辞地拒绝了，提笔也写下一张字条"恐惊天上神"，让小妾将字条转交那位年迈的富豪。富豪看到王华写的字条，赞叹世间居然还有如此真君子，自惭形秽，后悔不已。

故事还没有结束，王华进京参加完科举考试，等待发榜期间，来了一位道士，说昨夜梦到自己到了南天门，巧遇天上发状元榜。大家一听这个，都围了过来，纷纷问状元是谁？道士说此乃天机不可泄露，但可以告诉大家，状元榜前面有一副楹联，上面写着"欲借人间种，恐惊天上神"，说完笑着走开了。王华一听，心里一震，这不是那晚他回复给富豪的字条吗？道士是怎么知道的？后来发榜，王华果然是头名状元。

致良知的人都是有敬畏之心的，这种敬畏之心不是怕外界的监督和约束，而是完全出于自我良知的约束，不管别人是否能看到或听到，自己做了符合良知的事情就会觉得内心舒服，做了违背良知的事情内心就会觉得难受，阳明先生有言曰："夫君子之所谓敬畏者，非有所恐惧忧患之谓也，乃戒慎不睹，恐惧不闻之谓耳。"就是这个道理。

阳明心学是积极向上的，学习阳明心学并非苦行僧式的持戒苦修，而是通过内心境界的提升自然而然做到一些事情，一切善念、快乐、自觉、自律都是由心而发，这种由心而发的力量不是让我们消极逃避，而是让我们充满智慧和勇气去积极面对，万化根源总在心，而阳明心学就是这万化根源的强大支点！

真 我	假 我
有敬畏之心	无知无畏
靠内在自我约束	靠外界约束
由心而发	虚伪做作

经典原文鉴赏

《答舒国用》

　　来书足见为学笃切之志。学患不知要，知要矣，患无笃切之志。国用既知其要，又能立志笃切如此，其进也孰御！中间所疑一二节，皆工夫未熟，而欲速助长之为病耳。以国用之所志向而去其欲速助长之心，循循日进，自当有至。前所疑一二节，自将涣然冰释矣，何俟于予言？譬之饮食，其味之美恶，食者自当知之，非人之能以其美恶告之也。虽然，国用所疑一二节者，近时同志中往往皆有之，然吾未尝以告也，今且姑为国用一言之。

　　夫谓"敬畏之增，不能不为洒落之累"，又谓"敬畏为有心，如何可以无心？而出于自然，不疑其所行。"凡此皆吾所谓欲速助长之为病也。夫君子之所谓敬畏者，非有所恐惧忧患之谓也，乃戒慎不睹，恐惧不闻之谓耳。君子之所谓洒落者，非旷荡放逸，纵情肆意之谓也，乃其心体不累于欲，无入①而不自得之谓耳。夫心之本体，即天理也。天理之昭明灵觉，所谓良知也。君子之戒慎恐惧，惟恐其昭明灵觉者或有所昏昧放逸，流于非僻邪妄而失其本体之正耳。戒慎恐惧之功无时或间，则天理常存，而其昭明灵觉之本体，无所亏蔽，无所牵扰，无所恐惧忧患，无所好乐忿懥②，无所意必固我，无所歉馁愧怍。和融莹彻，充塞流行，动容周旋而中礼，从心所欲而不逾，斯乃所谓真洒落矣。是洒落生于天理之常存，天理常存生于戒慎恐惧之无间。孰谓"敬畏之增，乃反为洒落之累"耶？惟夫不知洒落为吾心之体，敬畏为洒落之功，歧为二物而分用其心，是以互相氐牾，动多拂戾而流于欲速助长。是固用之所谓"敬畏"者，乃《大学》之"恐惧忧患"，非《中庸》"戒慎恐惧"之谓矣。程子常言："人言无心，只可言无私心，不可言无心。"戒慎不睹，恐惧不闻，是心不可无也。有所恐惧，有所忧患，是私心不可有也。尧舜之兢兢业业，文王之小心翼翼，皆敬畏之谓也，皆出乎其心体之自然也。出乎心体，非有所为而为之者，自然之谓也。敬畏之功无间于动静，是所谓"敬以直内，义以方外"也。敬义立而天道达，则不疑其所行矣。

所寄《诈说》，大意亦好。以此自励可矣，不必以责人也。君子不蕲③人之信也，自信而已；不蕲人之知也，自知而已。因先茔未毕功，人事纷沓，来使立候，冻笔潦草无次。

①无人：无处；无论到了什么境地。

②忿懥（fèn zhì）：发怒。

③蕲（qí）：祈求。

延伸阅读

1. 夫君子之所谓敬畏者,非有所恐惧忧患之谓也,乃戒慎不睹,恐惧不闻之谓耳。君子之所谓洒落者,非旷荡放逸,纵情肆意之谓也,乃其心体不累于欲,无入而不自得之谓耳。

君子所说的敬畏之心,并非说是害怕担心什么,而是在别人看不到听不到的时候依然能做到"谨慎警惕",严格要求自己;君子所说的洒脱,不是肆意放纵自己,而是内心不因私欲而感到疲惫,可以做到随遇而安,在什么情况下都能内心自在。

2. 夫心之本体,即天理也。天理之昭明灵觉,所谓良知也。君子之戒慎恐惧,惟恐其昭明灵觉者或有所昏昧放逸,流于非僻邪妄而失其本体之正耳。

无善无恶心之体,人心的本体就是天理。对天理清晰明朗的觉悟,就是良知。君子所说的谨慎警惕惶惶不安,是担心自己对天理的觉悟能力被昏昧的思想所破坏,变得邪恶狂妄从而失去心之本体的光明!

3. 戒慎不睹,恐惧不闻,是心不可无也。有所恐惧,有所忧患,是私心不可有也。尧舜之兢兢业业,文王之小心翼翼,皆敬畏之谓也,皆出乎其心体之自然也。出乎心体,非有所为而为之者,自然之谓也。

在别人看不到听不到的时候依然能做到"谨慎警惕",致良知之心不能消失;心有敬畏和顾虑,私欲之心不能产生;尧舜的兢兢业业,周文王的小心翼翼,都是因为有敬畏之心,都是内心良知的自然流露;完全发自内心,不是因为有什么目的才这么做,这就是自然流露。

学习感言

不积跬步，无以至千里；不积小流，无以成江海。写下学习感言的过程，是知识沉淀的过程，也是梳理内心的过程！

十七、要相信圣贤的修为

心性修为不够的人不会质疑自己，反而总是质疑那些心性修为高的人，怀疑他们是逢场作戏，假装清高，甚至固执地认为世间所有人内心都是一样龌龊不堪。

曾有人问一位高僧："师父，冒昧地问一句，您真的不想吃肉吗？是强忍着不吃，还是内心根本不想吃？难道看到别人吃肉您也不想吃吗？"

高僧反问："你喜欢吃泥土吗？"

那人不解，回答道："不喜欢啊！"

高僧又问："真的不想吃泥土吗？是强忍着不吃，还是内心根本不想吃？难道看到蚯蚓吃泥土你也不想吃吗？"

那人回答道："是真的不想吃！"

高僧笑道："我和你的答案是一样的！"

那人恍然大悟，说道："谢师父指点，我以低俗的欲望来揣测您的心境，实在是愚昧，听您一席话，茅塞顿开，从今往后一定好好反省自己！"

私欲会蒙蔽人的耳目，让人听不到、看不清，在欲望的驱使下，人的智慧会被严重削弱，从而失去最基本的判断能力。我们前面提到的那些因为内心有私欲而上当受骗的人，就是这个道理，外界的威逼利诱都是外因，而内心蠢蠢欲动的私欲才是内因，我们无法消除一切外因，但是可以消除内因，无欲则刚就是这个意思。

我们开篇讲到王阳明和唐寅的心性差异，从这两位江南才子的人生经历来看，阳明先生在龙场所处的艰苦环境恰好帮他消除了外界诱惑，而最大限度地降低了他的世俗欲望，这对于他坚守志向和修心养性其实是有利的；唐寅回到江南鱼米之乡，周围全是诱惑，他内心充满沮丧，而又面对各种诱惑，内心的志向在双重力量的联合攻击下最终消失殆尽，即便唐寅有一定的心性修为，也很难浸泡在充满诱惑的环境中，做到去人欲存天理。

世界上最优秀的保镖一定不是最能打的，而是用自己的智慧让雇主远离危险。通过学习阳明心学提升心性，一方面可以在困难面前变得更强大，一方面可以在私欲诱惑面前更有定力和智慧。即便已经拥有一定的定力，远离触动内心私欲的外界因素依然很重要，要想戒烟，就不要一天到晚跟一帮烟民在一起；要想戒酒，就不要总是约人在酒桌上谈事，可以选择喝茶；要想戒赌，连赌场的门儿都不要进；要想减肥，就要远离美食诱惑，而常想象自己身材变好的场景……

真　我	假　我
积极正向	消极负向
相信并接纳	怀疑并抗拒
远离诱惑	寻找诱惑

经典原文鉴赏

《答南元善》（节选）

别去忽逾三月，居尝思念，辄与诸生私相慨叹。计归程之所及，此时当到家久矣。太夫人康强，贵眷无恙，渭南风景，当与柴桑无异，而元善之识见兴趣，则又有出于元亮之上者矣。近得中途寄来书，读之恍然如接颜色。勤勤恳恳，惟以得闻道为喜，急问学为事，恐卒不得为圣人为忧，亹亹①千数百言，略无一字及于得丧荣辱之间，此非真有朝闻夕死之志者，未易以涉斯境也。浣慰何如！诸生递观传诵，相与叹仰歆②服，因而兴起者多矣。

世之高抗通脱之士，捐富贵，轻利害，弃爵禄，决然长往而不顾者，亦皆有之。彼其或从好于外道诡异之说，投情于诗酒山水技艺之乐，又或奋发于意气，感激于愤悱，牵溺于嗜好，有待于物以相胜，是以去彼取此而后能。及其所之既倦，意衡心郁，情随事移，则忧愁悲苦随之而作。果能捐富贵，轻利害，弃爵禄，快然终身，无入而不自得已乎？夫惟有道之士，真有以见其良知之昭明灵觉，圆融洞澈，廓然与太虚而同体。太虚之中，何物不有？而无一物能为太虚之障碍。盖吾良知之体，本自聪明睿知，本自宽裕温柔，本自发强刚毅，本自斋庄中正、文理密察，本自溥博渊泉而时出之，本无富贵之可慕，本无贫贱之可忧，本无得丧之可欣戚，爱憎之可取舍。盖吾之耳而非良知，则不能以听矣，又何有于聪？目而非良知，则不能以视矣，又何有于明？心而非良知，则不能以思与觉矣，又何有于睿知？然则，又何有于宽裕温柔乎？又何有于发强刚毅乎？又何有于斋庄中正、文理密察乎？又何有于溥博渊泉而时出之乎？故凡慕富贵，忧贫贱，欣戚得丧，爱憎取舍之类，皆足以蔽吾聪明睿知之体，而窒吾渊泉时出之用。若此者，如明目之中而翳③之以尘沙，聪耳之中而塞之以木楔也。其疾痛郁逆，将必速去之为快，而何能忍于时刻乎？故凡有道之士，其于慕富贵，忧贫贱，欣戚④得丧而取舍爱憎也，若洗目中之尘而拔耳中之楔。其于富贵、贫贱、得丧、爱憎之相，值若飘风浮霭之往来变化于太虚，而太虚之体，固常廓然其无碍也。元善今日之所造，其殆庶几于是矣乎！是岂有待于物以相胜而去彼取此？激昂于一时之意气者所能强而声音笑貌以为之乎？元善自爱！元善自爱！

　　关中自古多豪杰，其忠信沉毅之质，明达英伟之器，四方之士，吾见亦多矣，未有如关中之盛者也。然自横渠之后，此学不讲，或亦与四方无异矣。自此关中之士有所振发兴起，进其文艺于道德之归，变其气节为圣贤之学，将必自吾元善昆季始也。今日之归，谓天为无意乎？谓天为无意乎？元贞以病，不及别简，盖心同道同而学同，吾所以告之亦不能有他说也。亮之亮之！

| 要相信圣贤的修为 |

①亹亹（wěi wěi）：勤勉不倦。

②歆（xīn）：喜爱，羡慕。

③翳（yì）：遮蔽，障蔽。

④欣戚（xīn qī）：喜乐和忧戚。

087

延伸阅读

南大吉字元善，号瑞泉，陕西渭南人。南大吉是明代中期关学学者之一。因王阳明曾为其座主故称门生，后与王阳明有过一段特殊的交往关系，深受阳明心学之影响，其思想也从原来笃信程朱而转向阳明心学。其学"以致良知为宗旨，以慎独改过为致知工夫"，以追求"道化"为理想境界，并特别告诫人们要警惕陷入"物化"之中。他不仅笃信"致良知"之学，且尽力在关中传播其学，此为"关中有王学之始"，关学学术走向亦由此而发生了变化。

1.勤勤恳恳，惟以得闻道为喜，急问学为事，恐卒不得为圣人为忧，亹亹千数百言，略无一字及于得丧荣辱之间，此非真有朝闻夕死之志者，未易以涉斯境也。

勤勤恳恳，只有在学问上有了进步才会感觉到高兴，抓紧一切时间勤奋学习，生怕自己不能达到圣人的境界，勤勉不倦地说了千言万语，却没有一个字是关于自己的荣辱得失的，若不是真的有"朝闻道夕死可矣"的大志向，想达到这样的境界很难啊！

2.故凡慕富贵，忧贫贱，欣戚得丧，爱憎取舍之类，皆足以蔽吾聪明睿知之体，而窒吾渊泉时出之用。若此者，如明目之中而翳之以尘沙，聪耳之中而塞之以木楔也。其疾痛郁逆，将必速去之为快，而何能忍于时刻乎？故凡有道之士，其于慕富贵，忧贫贱，欣戚得丧而取舍爱憎也，若洗目中之尘而拔耳中之楔。

因此凡是羡慕富贵、担忧贫贱，患得患失、爱憎取舍等念头，都会让我们原本聪明睿智的心之本体受蒙蔽，从而阻断了我们对本身智慧的运用。假如这样，就像原本明亮的眼睛被沙尘遮住，原本聪敏的耳朵被木楔堵上，这是非常痛苦和难受的，恨不得马上把沙尘和木楔去掉，一时一刻也无法忍受。所以，但凡得道的人，对于羡慕富贵、担忧贫贱，患得患失、爱憎取舍等念头，就像洗掉眼中的沙尘和拔掉耳中的木楔一样，毫不犹豫、毫不纠结。

"渊泉时出"出自于《中庸》："溥博渊泉，而时出之。溥博如天，渊泉如渊。"智慧像不断涌动的泉水和无底的深渊，又像辽阔的天空。

学习感言

_____

_____

_____

_____

_____

_____

> 不积跬步，无以至千里；不积小流，无以成江海。写下学习感言的过程，是知识沉淀的过程，也是梳理内心的过程！

十八、拒绝做情绪的奴隶

在非洲有一种野马，体格强壮、性情暴烈，一般凶猛的食肉动物都会惧它三分，可这种野马却有自己的天敌，很多野马都在天敌的攻击下丧命。你一定会认为它的天敌是狮子猎豹什么的，其实不是，这种所谓的天敌只是体积很小的吸血蝙蝠而已，通常一只蝙蝠就可以置野马于死地。你可能会想，这蝙蝠是不是有毒？或者是吸血量很大？动物学家研究发现，这种吸血蝙蝠没有毒，吸血量几乎对野马没有任何影响，可以忽略不计。奇怪了，那这种蝙蝠怎么会成为野马的天敌呢？于是动物学家开始研究吸血蝙蝠袭击野马的详细过程：

吸血蝙蝠会选择野马尾巴、嘴巴、蹄子都够不到的地方吸附，而且一旦吸附上去，不喝足血是不会下来的，任凭野马怎么折腾也甩不掉。于是，悲惨的场景出现了……

一只吸血蝙蝠吸附在了野马身上，这匹野马开始狂躁起来，想尽各种办法甩掉蝙蝠，可是怎么也甩不掉，于是野马越来越狂躁，开始拼命狂奔，打滚儿折腾……直到吸血蝙蝠吸够了血主动飞开，此时的野马已经精疲力尽，大多数会因心脏衰竭而亡。

这就是吸血蝙蝠杀死野马的真相，其实杀死野马的并不是吸血蝙蝠，而是野马狂躁的性情。

类似的情况会发生在人身上吗？1965年9月7日，世界台球冠军争夺赛在美国纽约举行。路易斯·福克斯的得分一路遥遥领先，只要再得几分便可稳拿金牌了，就在这个时候，他发现一只苍蝇落在主球上，他挥手将苍蝇赶走了。

可是，当他俯身击球的时候，那只苍蝇又飞回到了主球上，他在观众的笑声中再一次赶走了这只苍蝇。这只小小的苍蝇居然影响了路易斯·福克斯的情绪，而且更糟糕的是，苍蝇好像是有意跟他作对，他一回到球台，苍蝇就又飞回到主球上来，周围的观众看到这场景也哈哈大笑起来。

情绪烦躁的路易斯·福克斯方寸大乱，连连失利，而他的对手约翰·迪瑞则愈战愈勇，赶上并且超过了他，最后夺走了金牌。

第二天早上，人们在河里发现路易斯·福克斯的尸体，他投河自杀了！一只小小的苍蝇，居然打败了所向披靡的世界冠军！

如果说在比赛现场，是苍蝇干扰了路易斯·福克斯，那么在比赛结束后，又是谁将他逼上了绝路？

其实这一切并不是那只苍蝇的错，因为苍蝇太卑微渺小了，它根本承担不了任何过错，真正打败并杀死路易斯·福克斯的，是他自己失控的情绪。

其实，路易斯·福克斯完全可以采取另一种做法，那就是：专心击球，不要理会那只苍蝇，当主球飞速奔向既定目标的时候，那只苍蝇还站得住吗？它肯定不撵自走，飞得无影无踪了。

路易斯·福克斯的教训告诉我们，当我们在生活中也遇到"苍蝇"事件，不要理它，专心击你的球吧，当你的主球飞速奔向既定目标的时候，那只苍蝇就自己飞走了！

我们都明白要学会克制自己的情绪，但大多数情况下，一个心性修炼不到位的人往往是情绪的奴隶，心为外物所役。聪明的人会把生活中的种种不利因素变成对自己有利的因素，让那些不利因素对自己没有任何影响，甚至还有积极作用，能做到这一点的人，才是自己命运的主人！

真　我	假　我
聚焦目标	易受干扰
内心平静	性情狂躁
主动化解	消极应对

经典原文鉴赏

《与王纯甫书》(一)

　　别后,有人自武城来,云纯甫始到家,尊翁颇不喜,归计尚多牴牾。始闻而惋然,已而复大喜。久之,又有人自南都来者,云"纯甫已莅任,上下多不相能"。始闻而惋然,已而复大喜。吾之惋然者,世俗之私情;所为大喜者,纯甫当自知之。吾安能小不忍于纯甫,不使动心忍性,以大其所就乎?譬之金之在冶,经烈焰,受钳锤,当此之时,为金者甚苦;然自他人视之,方喜金之益精炼,而惟恐火力锤煅之不至。既其出冶,金亦自喜其挫折煅炼之有成矣。

　　某平日亦每有傲视行辈、轻忽世故之心,后虽稍知惩创,亦惟支持抵塞于外而已。及谪贵州三年,百难备尝,然后能有所见,始信孟氏"生于忧患"之言非欺我也。尝以为:"君子素其位而行①,不愿乎其外。素富贵,行乎富贵;素贫贱,行乎贫贱;素患难,行乎患难;故无入而不自得。"后之君子,亦当素其位而学,不愿乎其外。素富贵,学处乎富贵;素贫贱患难,学处乎贫贱患难;则亦可以无入而不自得。向尝为纯甫言之,纯甫深以为然,不审迩来用力却如何耳。近日相与讲学者,宗贤之外,亦复数人,每相聚辄叹纯甫之高明。今复遭时磨励若此,其进益不可量,纯甫勉之!

拒绝做情绪的奴隶

汪景颜近亦出宰大名,临行请益,某告以变化气质。居常②无所见,惟当利害,经变故,遭屈辱,平时愤怒者到此能不愤怒,忧惶失措者到此能不忧惶失措,始是能有得力处,亦便是用力处。天下事虽万变,吾所以应之,不出乎喜怒哀乐四者。此为学之要,而为政亦在其中矣。景颜闻之,跃然如有所得也。甘泉近有书来,已卜居萧山之湘湖,去阳明洞方数十里耳。书屋亦将落成,闻之喜极。诚得良友相聚会,共进此道,人间更复有何乐!区区在外之荣辱得丧,又足挂之齿牙间哉?

①素其位而行:指安于现在所处的地位,并努力做好应当做的事情。出处《礼记·中庸》:"君子素其位而行,不愿乎其外。"
②居常:遵常例,守常道。平时;经常。

延伸阅读

1512年，阳明在京师写信给弟子王纯甫，强调"变化气质"的重要性，然而，王纯甫仍不能摆脱旧的思维模式，阳明对此十分忧心。

王纯甫（1487~1547年）名道，字纯甫，号顺渠，山东省武城人。正德六年(1511年)进士，初学王阳明，后师事湛甘泉。

1.譬之金之在冶，经烈焰，受钳锤，当此之时，为金者甚苦；然自他人视之，方喜金之益精炼，而惟恐火力锤煅之不至。既其出冶，金亦自喜其挫折煅炼之有成矣。

人在逆境中接受磨练就好像金子正在冶炼过程中一样，经受烈火煅烧、千锤百炼，这个时候，作为金子本身是很痛苦的；可是在旁观的人看来，却因为金子越炼纯度越高而高兴，反而担心烈火锤炼的力度不够。当冶炼结束后，作为金子本身也为自己能经受锤炼所获得的成就而欢喜。

2."君子素其位而行，不愿乎其外。素富贵，行乎富贵；素贫贱，行乎贫贱；素患难，行乎患难；故无入而不自得。"后之君子，亦当素其位而学，不愿乎其外。素富贵，学处乎富贵；素贫贱患难，学处乎贫贱患难；则亦可以无入而不自得。

这段话源于《中庸》:"君子素其位而行,不愿乎其外。素富贵,行乎富贵;素贫贱,行乎贫贱:素夷狄气行乎夷狄;素患难,行乎患难。君子无入而不自得焉。在上位,不陵下;在下位,不援上。正己而不求于人,则无怨。上不怨天,下不尤人。故君子居易以俟命小人行险以侥幸。子曰:'射有似乎君子,失诸正鹄,反求诸其身。'"

君子应该懂得知足常乐,安于现在所处的地位,明确自己的责任,做应该做的事,不能生出非分之想。对于我们来说,无论处于什么地位,都应该做自己应该做的事情。比如我们居于富贵地位,就应该做富贵人应该做的事;居于贫贱地位,就应该做贫贱之人应做的事;假如我们居于边远地区,那么就应该做在边远地区应该做的事;假如我们处于危难中,就应该寻找解决危难的方法。如此说来,君子无论处于什么情况,都能够安然自得。处于上位的人,不应该欺侮居于下位的人;处于下位的人,不应该攀附那些在上位的人。我们要时刻端正自己的地位而不应该苛求他人,这样就不会生出那么多抱怨了。上不抱怨天,下不抱怨人。所以,对于君子来说,应该安居现状以等待天命,但奸诈的小人总喜欢铤而走险,妄图获得一些非分的东西。孔子也曾经说过:"君子立身处世,就好像射箭一样,射不中,不能责怪把子不正,只能责怪自己箭术不好。"

3.居常无所见，惟当利害，经变故，遭屈辱，平时愤怒者到此能不愤怒，忧惶失措者到此能不忧惶失措，始是能有得力处，亦便是用力处。天下事虽万变，吾所以应之，不出乎喜怒哀乐四者。

经常处在一种稳定安逸的状态中是很难有所反思和进步的，只有面对利害抉择、经历变故、遭受屈辱，遇到以前容易愤怒的情况现在能做到不愤怒，遇到以前容易惊慌失措的情况现在能做到不惊慌失措，遇到问题能够权衡利弊做出最有利的选择和判断。天下的事情虽然千变万化，但是我们应对的选择无非是喜怒哀乐四种情绪。

学习感言

不积跬步，无以至千里；不积小流，无以成江海。写下学习感言的过程，是知识沉淀的过程，也是梳理内心的过程！

十九、强者不抱怨尽己责

当阳明先生在龙场的讲学已经产生很大影响力后，唐寅还在饮酒作乐、卖画为生，抱怨怀才不遇、生不逢时。阳明先生一定在想，抱怨有什么用？抱怨除了增加烦恼，耽误时间和精力，别的真的没什么用途，与其浪费时间去抱怨，不如从自身开始做一些力所能及的努力，没准儿机会就来了。

阳明先生在一个贬居的闲职上没有得过且过，而是主动做了很多职责以外的事情，了解民情、安抚百姓、实施教化，先生后来在讲学当中不断强调"不抱怨、尽己责"，在龙场的艰苦日子里，先生就是这样"不抱怨、尽己责"的。

正当阳明先生在龙场的讲学初见成效时，南方却有很多地方正在闹匪患，有的地方匪患之猖獗甚至已经要危及明朝政治稳定。朝廷为了解决这个问题，派了很多能征善战的将领和官员去镇压和安抚，但是匪患民乱反而愈演愈烈。此时陷害阳明先生的刘瑾已经被弹劾，被刘瑾压制的人才迎来了希望的曙光，但并非所有的人才都能抓住这次机会，比如还在家乡发牢骚的唐寅就没能抓住这次机会。时任吏部尚书王琼正在为各地匪患和民乱发愁，这时有人对王琼说："处理这类事务需要特殊人才，必须了解民情，善于与百姓打交道，不仅能打仗剿匪，关键是能教化民众，根除匪患和民乱。"王琼表示认可，但问题是这样的人才去哪儿找呢？于是有人推荐王阳明，王琼听了王阳明在龙场的作为，得出以下几个结论：

第一，此人正直，为了帮助蒙冤的忠臣，不惜得罪刘瑾，险些给自己带来杀身之祸；

第二，此人忠义，被贬路上经历九死一生，蒙冤受屈却能依然不忘报效朝廷；

第三，此人智慧，身居卑微职位，却能以教化影响百姓，受到百姓拥护；

第四，此人踏实，刘瑾已经被弹劾，作为蒙冤的臣子居然不喊冤，不走动关系，踏踏实实在龙场讲学布道，做自己的龙场驿丞。

综上所述，王琼认为王阳明是一个难得的管理地方职务的能吏，但他没想到的是，其实王阳明比他想象的能力还要强很多。

王琼想先试探一下王阳明的能力，于是决定先调任王阳明去庐陵做知县，阳明先生全新的人生开始了。

从这一刻开始,"不抱怨、尽己责"成为阳明先生坚定的人生信条,在龙场诸生依依不舍的相送下,阳明先生离开了龙场,这个地方来的时候是一片荒蛮,走的时候却又依依不舍,此时的龙场已经不是三年多以前的龙场了,这里见证了"致良知"教化的伟大力量!

真 我	假 我
抓住当下	等待机会
不抱怨	牢骚满腹
尽己责	不担当

经典原文鉴赏

《寄希渊书》(一、二)

所遇如此,希渊归计良是,但稍伤急迫。若再迟二三月,托疾而行,彼此形迹泯然,既不激怒于人,亦不失己之介矣。圣贤处末世,待人应物,有时而委曲,其道未尝不直也。若己为君子而使人为小人,亦非仁人忠恕恻怛之心。希渊必以区区此说为太周旋,然道理实如此也。区区叨厚禄,有地方之责,欲脱身潜逃固难。若希渊所处,自宜进退绰然,今亦牵制若此,乃知古人挂冠解绶②,其时亦不易值也。

注解

①恻怛(cè dá):恻隐;恳切。
②解绶(jiě shòu):谓辞免官职。

延伸阅读

蔡希渊号我斋，又字希颜，浙江绍兴府山阴县人，明朝官员、学者。1517年进士，官至四川提学佥事。曾任白鹿洞书院洞主，蔡宗兖与阳明是同乡，是先生早期弟子的优秀代表，毕生尊王阳明为恩师，服膺阳明心学。蔡希渊主持白鹿洞书院期间，曾邀请先生到白鹿洞书院讲学。

1507年，徐爱、蔡希渊和朱守忠三子被举于乡，前往京师。阳明在赴任龙场途中悄然回到余姚，作《别三子序》赠予三人。

然而，希颜性格耿直，不为当道所喜。1512年，阳明在京师，希颜欲辞官归乡。先生写信给希颜，理解希颜辞官，但有点着急，建议再推迟两三月，借口生病辞官，这样更好。

希颜于1512年辞官回到山阴后，好友朱守忠却赴官浙江金华。先生又写信给希颜，鼓励希颜是成德达材之人，使希颜更加笃信心学。

1. 圣贤处末世，待人应物，有时而委曲，其道未尝不直也。

圣贤之人处在当今社会环境下，待人接物有时候也会委婉含蓄，但其为人之道未必不是正直的。

2. 若己为君子而使人为小人，亦非仁人忠恕恻怛之心。

如果自己追求君子之道而陷他人以小人之地，这也不符合君子追求忠恕恻怛的心！

学习感言

不积跬步，无以至千里；不积小流，无以成江海。写下学习感言的过程，是知识沉淀的过程，也是梳理内心的过程！

二十、越强大越懂得自律

其实在龙场悟道之后，阳明先生一直在思考这么一个问题：君子如何面对这个现实的世界？如果心中总是有"天下皆醉我独醒"的孤独清高，心中总是带着对这个世界世俗现象的鄙视和不满，这样的心态又如何能为天下苍生尽己责呢？

与这个世界对立，非但不能改变这个世界，还会让自己处处被动。适应这个世界，喜欢上这个世界，才能让这个世界变得更美好！

自古有很多谏言大臣，自诩刚正不阿，在朝廷之上、众臣面前对皇帝横加指责，语言之激烈粗暴，令人无地自容。这样的做法到底是刚正不阿，还是缺乏智慧？很多皇帝由于受不了这种粗暴的谏言方式，一气之下杀了谏言大臣，要知道，一般帝王都是不愿意杀谏言大臣的，因为杀了谏言大臣就容易背上昏君的骂名，即便皇帝真的很昏庸，也懂得这个道理。可是就有皇帝忍不住干了这样的事情，甚至不惜背上昏君的骂名，这又是为何？当然了，这样说并不是为昏君开脱，有些真正的昏君的确会闭塞言路、滥杀无辜，同时也的确有一些谏言大臣自身存在问题，"己为君子而使人为小人"，只顾得展示自己的刚正不阿，而将皇帝置于尴尬之地，不仅谏言不成，反遭杀身之祸！这的确是一个智慧问题，如果智慧足够，不应该出现这样的问题。

"圣贤处末世，待人应物，有时而委曲，其道未尝不直也。"从这句话可以看出，阳明先生绝非主张无原则的世俗圆滑，而是告诉我们更有智慧的君子处世之道。这种更有智慧的君子处世之道是什么呢？就是"外圆内方"。

"外圆"是为了更好地"入世"，如果一个人到处是棱角，与这个社会格格不入，最基本的待人接物都做不好，即便真的是一个奇才也可能会被埋没，更何况不是什么奇才呢？中国历史上有太多抱怨世事不公、怀才不遇的人，有的终其一生也没有遇到好的发展机会，出现这种情况，真的是因为这世界缺少伯乐吗？我看未必，大多数原因是这些自恃怀才的人其实才华不出众，心态又不好，脾气又很差，自己身上有很多缺点，却视而不见，反而总是像个怨妇天天抱怨，在别人建功立业的时候，自己却在写一些嘲讽社会的诗作，可是静下心来想想，真正干大事的人，哪里有时间发牢骚？

"内方"是为了更好地管理自己，内心有自己的原则和底线。

你看韩信，在没有被重用之前那个窝窝囊囊的样子，哪里像一个将军？韩信到自己的亲戚家讨口剩饭吃，在闹市上被一帮小混混欺负，居然窝囊到真的钻人家裤裆，韩信可是有武艺在身的人，打几个小混混根本不在话下，可是为什么如此窝囊呢？因为凶猛的猛兽一般都有着温驯的外表，轻易不显露锋利的牙齿，而内心的目标永远都是非常坚定的。你看那草原上食草动物从外表看起来个个都很威武凶猛，身体健硕、牙齿外露、犄角锋利，越是这样的外表越有着脆弱的内心。再看看那些草原和深山里的猛兽，在发威之前，个个都是毛茸茸、懒洋洋、静悄悄，食草动物被蚊虫叮咬，还能甩甩尾巴驱赶一下，可处于捕猎状态的猛兽在被蚊虫叮咬的时候，都只能一动不动、任凭叮咬，因为心中有目标，所以内心必须自律！

在大自然中，处在食物链上游的物种自律性更强，在人当中，那些能建功立业的大人物都是自律性很强的！

外圆内方的人有原则，有底线，随和而不随意，放松而不放纵，低调而不消极，接纳而不沾染，内心如莲花，能与清水共舞，也能与淤泥共处，但却出淤泥而不染，这才是君子处世的境界！

真　我	假　我
智慧	莽撞
有原则和底线	随意放纵
出淤泥而不染	近墨者黑

经典原文鉴赏

《与黄诚甫书》

立志之说，已近烦渎①，然为知己言，竟亦不能舍是也。志于道德者，功名不足累其心；志于功名者，富贵不足以累其心。但近世所谓道德，功名而已；所谓功名，富贵而已。"仁人者，正其谊不谋其利，明其道不计其功。"一有谋计之心，则虽正谊明道，亦功利耳。诸友既索居，曰仁②又将远别，会中须时相警发，庶不就弛靡③。

诚甫之足，自当一日千里，任重道远，吾非诚甫谁望邪！临别数语，彼此闇④然；终能不忘，乃为深爱。

① 烦渎（fán dú）：频繁轻慢。

② 曰仁：阳明大弟子徐爱字曰仁。当时，徐爱准备赴任南京兵部员外郎。

③ 弛靡（chí mí）：松弛，萎靡不振。

④ 闇（àn）：闇通"谙"。熟悉，了解。

延伸阅读

　　1513年，阳明回到越城。黄诚甫在家乡鄞县备考科举，思想在心学和科考内容朱子学之间徘徊不定，阳明给诚甫写了这封短信，阳明在信中说"志于道德者，功名不足累其心；志于功名者，富贵不足以累其心"，并引用西汉大儒董仲舒语"仁人者，正其谊不谋其利，明其道不计其功"，告诫诚甫"人应当追求道德而不要追求功利"。次年，诚甫中进士。

　　黄宗明（？—1536年），字诚甫，浙江宁波府鄞县人，阳明弟子。正德九年（1514年）进士，授南京兵部主事，后晋升员外郎。宁王朱宸濠谋反，曾经呈上江防三策。武宗南征时，曾经上疏劝阻，后被罢免归乡。

　　嘉靖二年（1523年），起用为南京刑部郎中。"大礼议"中支持明世宗立生父为皇考，后升任吉安知府，又升任福建盐运使。嘉靖六年（1527年），召修《明伦大典》。后因母丧丁忧，除服后，召拜为光禄寺卿。

　　嘉靖十一年（1532年），升任兵部右侍郎。同年冬，翰林院编修杨名弹劾汪鋐下诏狱，话语牵连同官程文德等一同入狱。世宗下诏书责察主谋者，黄宗明上疏劝阻，引起世宗大怒，并被称为主谋，下诏狱。后贬为福建右参政。之后，世宗因念及其在"大礼议"中的功劳，次年召回升为礼部右侍郎。后转为左侍郎，嘉靖十五年(1536年)十一月卒于任上。

诚甫在众人中颇有善名，曾受学于王阳明，阳明谓："诚甫自当一日千里，任重道远，吾非诚甫谁望耶！"则其嘱意亦至矣。

1. 志于道德者，功名不足累其心；志于功名者，富贵不足以累其心。但近世所谓道德，功名而已；所谓功名，富贵而已。

追求道德修养的人，不会把功名成就放在心上；追求功名成就的人，不会把金钱财富放在心上。但现在这个社会，看上去在追求道德修养，其实在追求功名成就，看上去在追求功名成就，实际上在追求金钱财富。

2. "仁人者，正其谊不谋其利，明其道不计其功。"一有谋计之心，则虽正谊明道，亦功利耳。

做正人君子，追求正确的主张而不谋求私利，探索道的真谛而不谋求功利；一旦有了谋功利之心，虽然也在追求正确的主张和探索道的真谛，其本质则成了功利行为。

学习感言

不积跬步,无以至千里;不积小流,无以成江海。写下学习感言的过程,是知识沉淀的过程,也是梳理内心的过程!

二十一、屈辱是强者的营养

前面我们谈到韩信所受的胯下之辱，其实阳明先生也遭受过类似的屈辱，因为心中有志向，所以面对这种"蚊虫叮咬"的屈辱才能做到坦然面对。自古就有"士可杀不可辱"的说法，尤其是很多文人，宁愿死也不愿意接受任何屈辱，可是如果他们心中有更大的志向，或许就能够换一种思维方式了。

阳明先生在被贬龙场之前，已经遭受了奇耻大辱，很多扛不住的人已经自杀或郁郁而终了，而阳明先生却接纳了这个现实，因为他心中有着圣贤之志。在被贬龙场的路上，面对刘瑾派来的锦衣卫追杀，王阳明再一次选择低下了文人高昂的头，他不是贪生怕死，而是不愿意死得这么没有价值。面对杀气腾腾的锦衣卫，阳明先生巧妙周旋，先是灌醉锦衣卫，后是说服锦衣卫不要亲自动手杀自己，站在对方利益的角度，让对方带着感动接受建议，在这个过程中，阳明先生显得是那么的弱小和可怜，他心中的屈辱感一定不亚于韩信所受的胯下之辱。

阳明先生为什么要这么做？大丈夫顶天立地，当生则生，当死则死，当行则行，当止则止，何必如此贪生怕死？因为他心里很清楚，当下自己是被奸佞所害，作为忠义之臣，他该做的都做了，上书为戴铣求情的时候，就已经将生死置之度外了，而如今自己是在被贬赴任的路上，如果让锦衣卫给杀了，给世人留下的一定不是王阳明宁死不屈，而很有可能是另一种解释，既然如此，为什么要傻乎乎赴死呢？于是阳明先生选择了忍辱求生。

二十二、胸怀大志不惧误解

后来迎来希望曙光的阳明先生到庐陵去任知县去了,按常理来说,新官上任三把火,应该赶紧做出一番成绩,可是阳明先生忍住了,他没有急着去做任何事情,而是选择闭门不出。阳明先生的怪异举动迎来众多猜疑,当地百姓纷纷骂他是一个昏官,庐陵当地百姓都对他非常失望!阳明先生为什么这么做呢?

因为阳明先生来到庐陵之前,就听说庐陵出刁民,民风特别不好,上一任知县调离庐陵时简直是如释重负,在庐陵做知县太难了,不管怎么做都要挨百姓骂。而在阳明先生看来,"恶念者,习气也;善念者,本性也",庐陵一带的民风恶俗一定是有原因的,他坚信人的本性都是善的,庐陵百姓也绝不例外。到了庐陵,阳明先生发现这里的百姓极其好诉讼,动不动就打官司,很多人因为一些鸡毛蒜皮的小事儿就对簿公堂,自家母鸡在别人家下了蛋,为了几个鸡蛋就与邻居反目成仇，类似的例子举不胜举。而以往庐陵官员不敢怠慢，总是认真处理每一件诉讼案子，可是发现这种鸡毛蒜皮的案子越处理越多，邻里矛盾越来越多，民风越来越差劲。阳明先生发现，这些诉讼案子不管怎么处理，都不是完美的，只能助长这种风气，因为律法是限制底线的，在底线之上要靠人心教化，如果人心出了问题，凡事都要对簿公堂，风气就会越来越差，问题就会越来越多，"解决看得见的问题容易，解决人心里的问题最难"，所以阳明先生决心要改变一下这种风气。

"志于道德者，功名不足累其心"，被骂为昏官的王阳明并没有在意百姓的骂声，因为他知道自己要做一件大事，不能拘泥于这些小节。

等百姓逐渐骂累了，阳明先生开始审理这些案子了，但是给出了限制，一次只能起诉一件事，状子内容不能由讼师长篇大论，必须言简意赅，只能写两行，每行不能超过30字，自己能够沟通解决的事情就不要诉讼，如果违反了上述规定，非但不予受理，还要进行处罚，就这么一条现在看起来很正常的规定又一次招来一片骂声。明朝的官吏管理制度是非常严格的，这样闹下去，刚刚迎来希望曙光的阳明先生是很可能丢掉乌纱帽的，身边的人都为他捏着一把汗，不知道他葫芦里卖的什么药。

当时庐陵当地瘟疫正流行，感染上瘟疫的病人被家属抛弃在街头，无人照顾，只能等待死亡，非常悲惨，阳明先生看到这样的情况，内心非常难受，庐陵百姓良知蒙蔽如此之深，实在令人痛心。进一步了解又发现，庐陵近几年税收增长特别快，很多赋税都是不合理的，只不过前几任为了讨好上级，不管百姓死活，只是一味去征收，弄得百姓苦不堪言。阳明先生决定从减轻庐陵赋税开始改变这个地方，于是写信给吉安府申请减轻庐陵赋税，由于有理有据，吉安府的人怎么也没法回绝，于是就勉强答应了，庐陵不合理的赋税被阳明先生一封信给减去了。

于是阳明先生写了一封告庐陵百姓公开信，动之以情，晓之以理，告诉大家：看到那么多得病的人沦落街头，内心非常震惊，在亲人最需要照顾的时候，我们却选择抛弃了他们，想想他们的内心是何等的悲伤失望。我知道大家都有自己的苦衷，沉重的赋税让我们无力再照顾患病的家人，但无论如何大家都不应该抛弃亲人。为了让骨肉分离的亲人可以团聚，为了让患病的人可以得到照顾，吉安府决定减免庐陵的赋税，希望大家多行孝悌，接亲人回家，互相帮助，共渡难关……

庐陵的百姓被感动了，纷纷接回患病的亲人，邻里之间开始互相帮助，诉讼的案子越来越少，即使有矛盾，也都优先通过沟通私下解决，尽量不对簿公堂。

紧接着，阳明先生开始在庐陵县进行讲学，培养弟子学习知行合一和致良知学说，让大家学会"改过和责善"，然后再让弟子们分别到庐陵县各个地方进行宣讲，让大家看到致良知的伟大力量，知廉耻、行孝悌、懂谦让、做君子，庐陵的百姓感受了圣学的力量，移风易俗，民风大变，实现了路不拾遗、夜不闭户的治世景象！

看到这种改变，曾经痛骂阳明先生的人都纷纷表示惭愧，称赞有阳明先生这样的好官是庐陵百姓的福分，这才是真正的父母官！

一个心中有大志，真正想干大事的人，不会在意人们暂时的负面评价，"人不知而不愠"就是这个道理。看上去令人头疼的"刁民"其实都是内心良知未泯的好人，"使其习气消而本性复"，大家就会展现积极正向的一面，而这个过程需要借助教化的力量！

真 我	假 我
有耐性	急躁
看大局	格局小
看长远	看眼前

经典原文鉴赏

《示弟立志说》

予弟守文来学,告之以立志。守文因请次第其语,使得时时观省;且请浅近其辞,则易于通晓也。因书以与之。

夫学,莫先于立志。志之不立,犹不种其根而徒事培拥灌溉,劳苦无成矣。世之所以因循苟且,随俗习非,而卒归于污下者,凡以志之弗立也。故程子曰:"有求为圣人之志,然后可与共学。"人苟诚有求为圣人之志,则必思圣人之所以为圣人者安在。非以其心之纯乎天理而无人欲之私与?圣人之所以为圣人,惟以其心之纯乎天理而无人欲,则我之欲为圣人,亦惟在于此心之纯乎天理而无人欲耳。欲此心之纯乎天理而无人欲,则必去人欲而存天理。务去人欲而存天理,则必求所以去人欲而存天理之方。求所以去人欲而存天理之方,则必正诸先觉,考诸古训,而凡所谓学问之功者,然后可得而讲,而亦有所不容已矣。

夫所谓正诸先觉者,既以其人为先觉而师之矣,则当专心致志,惟先觉之为听。言有不合,不得弃置,必从而思之;思之不得,又从而辨之,务求了释,不敢辄生疑惑。故记曰:"师严,然后道尊;道尊,然后民知敬学。"苟无尊崇笃信之心,则必有轻忽慢易之意。言之而听之不审,犹不听也;听之而思之不慎,犹不思也;是则虽曰师之，犹不师也。

夫所谓考诸古训者，圣贤垂训，莫非教人去人欲而存天理之方，若五经、四书是也。吾惟欲去吾之人欲，存吾之天理而不得其方，是以求之于此，则其展卷之际，真如饥者之于食，求饱而已；病者之于药，求愈而已；暗者之于灯，求照而已；跛者之于杖，求行而已。曾有徒事记诵讲说，以资口耳之弊哉！

夫立志亦不易矣。孔子，圣人也，犹曰："吾十有五而志于学，三十而立。"立者，志立也。虽至于"不逾矩"，亦志之不逾矩也。志岂可易而视哉！夫志，气之帅也，人之命也，木之根也，水之源也。源不濬①则流息，根不植则木枯，命不续则人死，志不立则气昏。是以君子之学，无时无处而不以立志为事。正目而视之，无他见也；倾耳而听之，无他闻也。如猫捕鼠，如鸡覆卵，精神心思凝聚融结，而不知有其他，然后此志常立，神气精明，义理昭著。一有私欲，即便知觉，自然容住不得矣。故凡一毫私欲之萌，只责此志不立，即私欲便退；听一毫客气之动，只责此志不立，即客气便消除。或怠心生，责此志，即不怠；忽心生，责此志，即不忽；懆心生，责此志，即不懆；妒心生，责此志，即不妒；忿心生，责此志，即不忿；贪心生，责此志，即不贪；傲心生，责此志，即不傲；吝心生，责此志，即不吝。盖无一息而非立志责志之时，无一事而非立志责志之地。故责志之功，其于去人欲，有如烈火之燎毛，太阳一出，而魍魉②潜消也。

胸怀大志不惧误解

自古圣贤因时立教，虽若不同，其用功大指无或少异。《书》谓"惟精惟一"，《易》谓"敬以直内，义以方外"，孔子谓"格致诚正，博文约礼"，曾子谓"忠恕"，子思谓"尊德性而道问学"，孟子谓"集义养气，求其放心"，虽若人自为说，有不可强同者，而求其要领归宿，合若符契。何者？夫道一而已。道同则心同，心同则学同。其卒不同者，皆邪说也。

后世大患，尤在无志，故今以立志为说。中间字字句句，莫非立志。盖终身问学之功，只是立得志而已。若以是说而合精一，则字字句句皆精一之功；以是说而合敬义，则字字句句皆敬义之功。其诸"格致"，"博约"，"忠恕"等说，无不吻合。但能实心体之，然后信予之非妄也。

① 濬（jùn）：同"浚"，疏通，挖深。
② 魍魉（wǎng liǎng）：魍魉是古代神话传说中的山川精怪。一说为疫神，是颛顼之子所化。出自《孔子家语·辨物》等著作。魍魉也可代指影子。

延伸阅读

1.夫学，莫先于立志。志之不立，犹不种其根而徒事培拥灌溉，劳苦无成矣。世之所以因循苟且，随俗习非，而卒归于污下者，凡以志之弗立也。

一个人学习的第一要务是立志，如果没有立志，就好像对一棵没有根的树进行培土浇水灌溉，即便再辛苦也是徒劳啊！世上很多人之所以因循守旧、苟且偷生，被世俗习气所浸染，最终沦落为道德修为低下的人，都是因为没有立志的缘故！

2.人苟诚有求为圣人之志，则必思圣人之所以为圣人者安在，非以其心之纯乎天理而无人欲之私与？圣人之所以为圣人，惟以其心之纯乎天理而无人欲，则我之欲为圣人，亦惟在于此心之纯乎天理而无人欲耳。

如果一个人有追求成为圣人的志向，就必须思考圣人之所以成为圣人的原因是什么？难道不是因为圣人的心纯净合乎天理而没有私欲吗？圣人之所以成为圣人，就是因为圣人之心纯净合乎天理而没有私欲，而我们自己要成为圣人，也必须做到此心纯净合乎天理而没有私欲。

3.夫所谓考诸古训者，圣贤垂训，莫非教人去人欲而存天理之方，若五经、四书是也。吾惟欲去吾之人欲，存吾之天理而不得其方，是以求之于此，则其展卷之际，真如饥者之于食，求饱而已；病者之于药，求愈而已；暗者之于灯，求照而已；跛者之于杖，求行而已。曾有徒事记诵讲说，以资口耳之弊哉！

认真研究古训，圣贤教育无非是教人如何去除人的私欲而心存天理的方法，就像四书五经也是这样。我只想去除自己的私欲，让自己的内心存天理，可是却不得方法，所以才在这儿找答案，当打开书卷的时候，真的就像饥饿的人对事物的渴望，只求赶紧吃饱；就像得病的人对于药的渴望，只求赶紧痊愈；黑暗中的人对于灯的渴望，只求赶紧照亮；腿脚不方便的人对于拐杖的渴望，只求赶紧能自己走路。曾经居然存在"学习停留在嘴巴和耳朵上，只是记诵讲说"这样浅尝辄止的问题和现象，实在不应该！

4. 夫志，气之帅也，人之命也，木之根也，水之源也。源不濬则流息，根不植则木枯，命不续则人死，志不立则气昏。是以君子之学，无时无处而不以立志为事。

一个人的心志影响着这个人的气节，就好像是人的命、树的根、水的源头。源头不疏通水流就会消失，树根不培养树就会干枯，生命不延续人就会死亡，志向不立人就会昏昏沉沉没有气节！所以成为君子的学问就是时时刻刻处处都以自己所立的志向作为行动准则。

5.正目而视之,无他见也;倾耳而听之,无他闻也。如猫捕鼠,如鸡覆卵,精神心思凝聚融结,而不知有其他,然后此志常立,神气精明,义理昭著。

《论语》卷六《颜渊第十二》颜渊问仁。子曰:"克己复礼为仁。一曰克己复礼,天下归仁焉。为仁由己,而由人乎哉?"颜渊曰:"请问其目。"子曰:"非礼勿视,非礼勿听,非礼勿言,非礼勿动。"

这里的"正目而视之"和"倾耳而听之"是说在立志后,把全部注意力都放在与志向有关的事情上,做到"非礼勿视,非礼勿听",就像猫捕鼠时和母鸡孵小鸡时那样专注,精力非常聚焦,达到忘记周边无关事物的程度,如果这样的志向能够长久坚持,一个人就会有精气神,对义和理的理解和实践成果也会非常显著!

6.盖无一息而非立志责志之时,无一事而非立志责志之地。故责志之功,其于去人欲,有如烈火之燎毛,太阳一出,而魍魉潜消也。

每时每刻都要求自己坚守志向,每一件事上都要求自己坚守志向,要求自己坚守志向对于去除私欲的作用,就像烈火燎毛发一样容易,阳光出来了,阴暗中的东西自然就消失了。

在光明的世界里不存在黑暗的问题,立志就是让内心世界充满光明的最有效方法。

7.后世大患，尤在无志，故今以立志为说。中间字字句句，莫非立志。盖终身问学之功，只是立得志而已。

现在人们最大的问题就是不立志，所以今天特意讲了讲立志的学问，字字句句都是讲立志的，一辈子做学问最大的成就无非就是立志并实现了志向而已！

志向是种在心田里的种子，如果没有种子就很难长出参天大树，很多人付出了很多努力，就好像在没有种子的土地上耕耘，看似很勤奋，其实都是徒劳，要想人生有所成就，必须在立志上下功夫。

学习感言

不积跬步，无以至千里；不积小流，无以成江海。写下学习感言的过程，是知识沉淀的过程，也是梳理内心的过程！

二十三、唤醒更伟大的自己

从前有个农夫，上山砍柴捡了一枚蛋，他回到家里没多想，就把这枚蛋放在了鸡窝，母鸡误认为是鸡蛋，就将这枚蛋与其他鸡蛋一起孵化，结果在小鸡破壳而出的日子，这枚蛋里破壳而出的居然是一个特别丑陋的家伙，之所以说它丑陋，是因为在小鸡的眼睛里，它绝对是一个另类。就这样，这个丑陋的家伙来到了这个世界上，它发现自己是那么的笨，看到别的小伙伴快速地捕捉虫子，它的内心充满了自卑。

渐渐地，这个丑陋的"小鸡"跟其他的小伙伴一起慢慢长大了，它发现自己几乎一无是处，不会从土壤里刨虫子，不会打鸣，没有华丽的羽毛，没有漂亮的鸡冠，它自卑到了极点，开始怀疑自己为什么要来到这个世界上？就在它迷茫、自卑、无助、恐惧的时候，农夫用异样的眼光打量了它很久，然后对它说："不对！

你不是一只鸡，你是一只雄鹰！"

这只"丑陋的小鸡"被吓了一跳，它更伤心了，难道是主人也觉得它太丑陋、太笨，要抛弃它吗？它越想越伤心。

农夫对它说："你不是小鸡，你是雄鹰！你不应该待在这里，你应该去飞翔，蓝天白云才是真正属于你的！"

"丑小鸡"摇着头说："不！我是鸡，不是什么雄鹰，你不要骗我了，你不能抛弃我！"

农夫说："你真的是雄鹰，我没骗你！"

"丑小鸡"疯狂地摇头说："不是！不是！就不是！我怎么可能是雄鹰？我只是一只又笨又丑的小鸡，你说我是雄鹰，只不过是想抛弃我！""丑小鸡"伤心地哭了。

农夫在百般劝说无效的情况下，抱起"丑小鸡"走到了悬崖边，对它说："我最后一次告诉你，你真的不是小鸡，你是一只雄鹰，我敢肯定，你就是一只雄鹰，请相信我，翱翔蓝天才是属于你的生活！"说完，农夫把"丑小鸡"抛下了悬崖。

"丑小鸡"绝望了，眼泪夺眶而出，它恨上天为什么对自己如此不公？无助的它在坠落深渊的时候本能地挥动了翅膀，发现自己不再坠落，它使劲儿挥动翅膀，天啊，它居然飞起来了！"丑小鸡"，不，是小雄鹰，终于发现自己不是小鸡了，农夫没有骗它，它的确不是小鸡，而是雄鹰，翱翔蓝天才是它应有的生活！

当它飞过鸡群上空时，众多小鸡惊讶地说："快看！那笨蛋居然飞起来了！"唯有农夫欣慰地笑了，雄鹰此时对农夫充满感激，如果没有农夫唤醒它"翱翔蓝天的志向"，它将带着雄鹰的身躯永久耻辱地活在鸡群里！

当"丑小鸡"不知道自己是雄鹰之前，它特别在意小鸡所在意的东西，内心充满了"鸡的欲望"，它想打鸣、想从土壤里刨虫子、想拥有鸡冠和华丽的羽毛。可当农夫唤醒了它"翱翔蓝天的志向"，它意识到了自己是一只雄鹰，几乎一瞬间，所有"鸡的欲望"都瞬间消失了，这就是所谓"故责志之功，其于去人欲，有如烈火之燎毛，太阳一出，而魍魉潜消也"。

要想使自己"习气消而本性复"，就要立志，立志是致良知的开始，立志是唤醒更伟大自己的开始！

经典原文鉴赏

《寄杨邃庵阁老书》其二

前日尝奉启,计已上达。

自明公进秉机密,天下士夫忻忻①然动颜相庆,皆为太平可立致矣。门下鄙生独切生忧,以为犹甚难也。亨屯倾否,当今之时,舍明公无可以望者,则明公虽欲逃避乎此,将亦有所不能。然而万斛②之舵,操之非一手,则缓急折旋,岂能尽如己意。临事不得专操舟之权,而偾事③回乃与同覆舟之罪,此鄙生之所谓难也。夫不专其权,而漫同其罪,则莫若预逃其任。然在明公,亦既不能逃矣。逃之不能,专又不得,则莫若求避其罪。然在明公,亦终不得避矣。

天下之事,果遂卒无所为欤?夫惟身任天下之祸,然后能操天下之权;操天下之权,然后能济天下之患。当其权之未得也,其致之甚难,而其归之也,则操之甚易。万斛之舵,平时从而争操之者,以利存焉。一旦风涛颠沛,变起不测,众方皇惑震丧,救死不遑,而谁复与争操乎?于是起而专之,众将恃以无恐,而事因以济。苟亦从而委靡焉,固沦胥以溺矣。故曰"其归之也,则操之甚易"者,此也。

古之君子,洞物情之向背,而握其机,察阴阳之消长,以乘其运,是以动必有成，而吉无不利。伊、旦之于商、周是矣。其在汉唐，盖亦庶几乎此者。虽其学术有所不逮，然亦足以定国本而安社稷，则亦断非后世偷生苟免者之所能也。

夫权者，天下之大利大害也，小人窃之以成其恶，君子用之以济其善。故君子之不可一日去，小人之不可一日有者也。欲济天下之难，而不操之以权，是犹倒持太阿④而授人以柄，希不割矣。故君子之致权也有道，本之至诚以立其德，植之善类以多其辅，示之以无不容之量以安其情，扩之以无所竞之心以平其气，昭之以不可夺之节以端其向，神之以不可测之机以摄其奸，形之以必可赖之智以收其望。坦然为之，下以上之；退然为之，后以先之。是以功盖天下而莫之嫉，善利万物而莫与争。此皆明公之能事，素所蓄而有者。惟在仓卒之际，身任天下之祸，决起而操之耳。

夫身任天下之祸，岂君子之得已哉？既当其任，知天下之祸将终不能免也，则身任之而已，身任之而后可以免于天下之祸。小人不知祸之不可以幸免，而百诡以求脱，遂致酿成大祸，而已亦卒不能免。故任祸者，惟忠诚忧国之君子能之，而小人不能也。

某受知门下，不能效一得之愚以为报，献其芹曝⑤，惟鉴其忱悃而悯其所不逮，幸甚。

①忻忻（xīn xīn）：欣喜得意貌。

②万斛（wàn hú）：极言容量之多。古代以十斗为一斛，南宋末年改为五斗为一斛。

③偾事（fèn shì）：败事。《礼记·大学》："一家仁，一国兴仁；一家让，一国兴让；一人贪戾，一国作乱，其机如此。此谓一言偾事，一人定国。"

④太阿：又名泰阿，十大名剑之一，是欧冶子和干将两大剑师联手所铸，楚国镇国至宝，风胡子称泰阿剑是把威道之剑。

⑤芹曝（qín pù）：谦词，谓所献微不足道。

⑥忱悃（chén kǔn）：真诚。

杨一清（1454—1530年），字应宁，号邃庵，别号石淙，汉族，明朝南直隶镇江府丹徒（今属江苏）人，祖籍云南安宁。成化八年（1472年）进士，曾任陕西按察副使兼督学。弘治十五年（1502年）以南京太常寺卿都察院左副都御史的头衔出任督理陕西马政。后又三任三边总制。历经成化、弘治、正德、嘉靖四朝，为官五十余年，官至内阁首辅，号称"出将入相，文德武功"，才华堪与唐代名相姚崇媲美。

1.夫惟身任天下之祸，然后能操天下之权；操天下之权，然后能济天下之患。当其权之未得也，其致之甚难，而其归之也，则操之甚易。

只有愿意为天下人承受苦难，然后才能掌握天下的权力；只有掌握天下的权力，然后才能解决天下的忧患；如果没有得到相应的权力，想做到这一点很难，如果得到了相应的权力，那么想为天下解决忧患就容易了！

2.古之君子，洞物情之向背，而握其机，察阴阳之消长，以乘其运，是以动必有成，而吉无不利。

自古君子都擅长洞察事物发展趋势、分析利弊，从而把握机会，在动态变化中抓住最好的时机，所以只要行动就必有成果，一切都很顺利！

3. 故君子之致权也有道，本之至诚以立其德，植之善类以多其辅；示之以无不容之量，以安其情；扩之以无所竞之心，以平其气；昭之以不可夺之节，以端其向；神之以不可测之机，以摄其奸；形之以必可赖之智，以收其望。坦然为之，下以上之；退然为之，后以先之。是以功盖天下而莫之嫉，善利万物而莫与争。

君子了解权力的规律并遵循这个规律将权力运用发挥到极致，本着一颗至诚之心树立德望，多选择并培养价值观一致、品行端正的人才作为自己的辅助力量，让大家看到自己的大度胸怀，从而不让大家有所担心顾虑；进而展示自己不与下属争功夺利的心态，让大家能心平气和地追随；态度坚定地展示自己不可动摇的价值观、意志和底线原则，以端正团队的风气导向；保持领导者应有的神秘和权威感，以威慑避免可能出现的不良行为；给团队一种值得信赖追随的大智慧形象，以收获在众人中的威望。做事坦坦荡荡，对下和对上都同样充满尊重，以一颗不争之心，对待不如自己的人也能以礼相待，这样一来，即便功劳再大也不会有人嫉恨，像水一样滋润万物而不与万物相争！（"水善利万物而不争"源自老子《道德经》。）

学习感言

不积跬步,无以至千里;不积小流,无以成江海。写下学习感言的过程,是知识沉淀的过程,也是梳理内心的过程!

二十四、格物致知的力量

　　王阳明曾受学于杨邃庵门下，杨邃庵是王阳明的老师，杨邃庵是明朝著名的政治家，善于处理边疆事务，嘉靖即位后，宣召年逾七十的杨邃庵管理西北边务，被他称病谢绝。王阳明写信给老师，在信中，王阳明精辟论述了"君子与权力"，成功说服老师临危受命重新出山，出任兵部尚书、左都御史，负责陕西三边军务。在王阳明写给老师的信中，有一段关于"君子致权之道"的表述非常精彩，我们看到的前述那段原文就是节选自这封信。

　　对于厌倦了官场生活的杨邃庵，学生王阳明的一席话定然让自己茅塞顿开，眼前一亮，心中清澈！看来，手握权力不一定就非得把自己陷入尔虞我诈的利益角逐，完全可以"善利万物而莫与争"，用现代领导力的语言表述就是"使众人行"，这也是领导力的至高境界！

| 格物致知的力量 |

阳明先生为什么能够对领导力有如此传神的表述？这就是"格物致知"的力量。什么是格物？阳明先生有自己独到的见解，"格物"就是参照外界事物修正自己，格物就是去其不正。举例而言，有人说"近墨者黑，近朱者赤"，这句话是说习气会互相影响，于是有很多人把自己的不良习气归咎于身边的人，这到底对不对呢？于是就有人观察"莲花"，比如宋朝的周敦颐就发现莲花"出淤泥而不染，濯清连而不妖"，通过莲花来格物，就可以纠正自身错误的观念，再沾染不良习气就不再归咎于他人，而是反思自己，这就是格物的价值。有人通过竹子格物，有人通过梅花格物，有人通过石头格物，而阳明先生就是通过水格物，结合老子道德经的内容，才参透了领导力的核心秘密，于是就有了如此传神的表述。

水是利他的、包容的、平静的，也是凶猛的、神秘的、坚韧的，水滋养万物，所以万物离不开水；水从不与万物争夺什么，所以万物也无法与水竞争；在和谐的环境中，水是平静流畅的；遇到对抗和冲突，水又是充满强大力量的；看上去水似乎什么也没有，但却可以滋润万物、承载万物、成就万物。当一个人站在"以天地万物为一体"的角度看待问题的时候，答案就自动显现了。所以说，天理藏在万事万物之中，若用心致良知，就会明天理，就会更有智慧！

经典原文鉴赏

《答季明德》

书惠远及,以咳恙未平,忧念备至,感愧良深!食姜太多,非东南所宜,诚然。此亦不过暂时劫剂耳。近有一友为易"贝母丸"服之,颇亦有效,乃终不若来谕"用养生之法拔去病根"者,为得本源之论。然此又不但治病为然,学问之功亦当如是矣。

承示:"立志益坚,谓圣人必可以学而至。兢兢焉,常磨炼于事为朋友之间,而厌烦之心比前差少。"喜幸殊极!又谓:"圣人之学,不能无积累之渐。"意亦切实。中间以尧、舜、文王、孔、老诸说,发明"志学"一章之意,足知近来进修不懈。居有司之烦而能精思力究若此,非朋辈所及。然此在吾明德自以此意奋起其精神,砥切其志意,则可矣;必欲如此节节分疏引证,以为圣人进道一定之阶级,又连掇[①]数圣人纸上之陈迹,而入之以此一款条例之中,如以尧之试鲧[②]为未能不惑,子夏之"启予"为未能耳顺之类,则是尚有比拟牵滞之累。以此论圣人之亦必由学而至,则虽有所发明,然其阶级悬难,反觉高远深奥,而未见其为人皆可学。乃不如末后一节,谓"至其极而矩之不逾,亦不过自此志之不已所积。而'不逾'之上,亦必有学可进,圣人岂绝然与人异哉!"又云:"善者,圣之体也。害此善者,人欲而已。人欲,吾之所本无。去其本无之人欲，则善在我而圣体全。圣无有余，我无不足，此以知圣人之必可学也。然非有求为圣人之志，则亦不能以有成。"只如此论，自是亲切简易，以此开喻来学，足以兴起之矣。若如前说，未免使柔怯者畏缩而不敢当，高明者希高而外逐，不能无弊也。圣贤垂训，固有书不尽言，言不尽意者。凡看经书，要在致吾之良知，取其有益于学而已。则千经万典，颠倒纵横，皆为我之所用。一涉拘执比拟，则反为所缚。虽或特见妙诣，开发之益一时不无，而意必之见流注潜伏，盖有反为良知之障蔽而不自知觉者矣。其云"善者圣之体"，意固已好，善即良知，言良知则使人尤为易晓。故区区近有"心之良知是谓圣"之说。其间又云："人之为学，求尽乎天而已。"此明德之意，本欲合天人而为一，而未免反离而二之也。人者，天地万物之心也；心者，天地万物之主也。心即天，言心则天地万物皆举之矣，而又亲切简易。故不若言："人之为学，求尽乎心而已。"

知行之答，大段切实明白，词气亦平和，有足启发人者。惟贤一书，识见甚进，间有语疵，则前所谓"意必之见流注潜伏"者之为病。今既照破，久当自融释矣。以"效"训"学"之说，凡字义之难通者，则以一字之相类而易晓者释之。若今学字之义，本自明白，不必训释。今遂以效训学，以学训效，皆无不可，不必有所拘执。但效字终不若学字之混成耳。

率性而行，则性谓之道；修道而学，则道谓之教。谓修道之为教，可也；谓修道之为学，亦可也。自其道之示人无隐者而言，则道谓之教；自其功夫之修习无违者而言，则道谓之学。

教也，学也，皆道也，非人之所能为也。知此，则又何训释之有！所须《学记》，因病未能着笔，俟后便为之。

①掇（duō）：本意是指拾取，摘取，用双手拿（椅子，凳子），用手端，《庄子·达生》和《淮南子·要略》均有记载。

②鲧（gǔn）：中国上古时代神话传说人物。姓姒，字熙，有崇氏，帝颛顼之子。

延伸阅读

季明德是阳明弟子季本(1485-1563年),小阳明13岁,号彭山,会稽人。正德十二年(1517年)登进士第,授建宁府推官,征为御史,以言事贬谪揭阳主簿,官至长沙知府。嘉靖二十二年(1544年)由长沙知府解职还乡,寓禹迹寺传播阳明心学。

本文是阳明在嘉靖五年(1526年)给弟子季本回复的论学书信,文中明确提出"心之良知是谓圣"之说。

1. "善者,圣之体也。害此善者,人欲而已。人欲,吾之所本无。去其本无之人欲,则善在我而圣体全。圣无有余,我无不足,此以知圣人之必可学也。然非有求为圣人之志,则亦不能以有成。"

人人心之本体都是如圣贤一般的善,能破坏这种善的,只有人的私欲。人的私欲,原本在我们身上是没有的,如果能去除这种私欲,我们就会恢复如圣贤一般的心之本体。这种良知之心,圣贤并不比平常人多一点点,我们身上也并不比圣贤少一点点,因此可知通过学习是能成为圣贤之人的。即便如此,如果一个人没有成为圣贤之人的志向,也很难有所成就。

2. 圣贤垂训,固有书不尽言,言不尽意者。凡看经书,要在致吾之良知,取其有益于学而已。则千经万典,颠倒纵横,皆为我之所用。

圣贤垂示教训，书面不一定能把想说的话都能说详尽，言传时不一定能把想表达的意思都能说详尽，所以凡是看经典著作，都要通过致良知之心来格一下，取其精华去其糟粕，这样一来，不管是读多少经典，内容表述如何千变万化，都能为我们自己所用。

3.人者，天地万物之心也；心者，天地万物之主也。心即天，言心则天地万物皆举之矣，而又亲切简易。故不若言"人之为学，求尽乎心而已"。

人是天地万物的心，而心是天地万物的主宰，心就是天理，说到心，天地万物都包括了，还显得亲切容易理解，所以不如说"人提高自身修为的学问，其实就是在追求更符合良知之心。"

学习感言

不积跬步，无以至千里；不积小流，无以成江海。写下学习感言的过程，是知识沉淀的过程，也是梳理内心的过程！

二十五、要相信善的力量

　　学习阳明心学的人总是能保持积极正向的思维方式，总是相信善的力量，总是能够得到最好的那个结果。

　　看起来"总是相信善的力量"是挺容易做到的，但一旦有私欲的干扰，做到这一点实际上是非常不容易的，下面我们一起来看一个小故事：

　　民国时期，发生过这么一件事，一天，一个家族企业负责要账的年轻人带着一大包银元准备回去交差，中途要乘船过江，买了船票之后，等船期间感觉饥肠辘辘，就找了附近一家面馆吃面，吃完面匆匆忙忙拿起包就走了，到了岸边突然发现银元不见了，原来着急之下，他拿错了包。这个年轻人险些没吓晕过去，惊慌失措，赶紧跑回面馆找他自己的包。另外一个年轻人，吃完饭一拿自己的包，发现重了不少，一摸吓了一跳，里面居然有一大包银元，顿时兴奋不已，这么多钱，够他下半辈子花了，看来是财神显灵了，想到这儿，他抱起这一大包银元就往外走。

可刚迈出一只脚，这位捡到钱的年轻人就停住了脚步，他突然意识到，这么多钱，丢钱的人不得急死啊，很可能出人命的，这钱对于自己来讲是个惊喜，可对于丢钱的人来讲可是一个灾难啊！这伤天害理的钱能花吗？想到这里，捡钱的年轻人回到了刚才的座位上，他做了一个决定，决定等失主回来找。眼看过江的最后一班摆渡船就要开了，再等就要耽误乘船了，正在他着急的时候，丢钱的年轻人满头大汗地跑了进来。两人仔细核实确认后，发现确实是拿错了包，丢钱的年轻人激动地都要下跪了，简单说了几句就匆匆忙忙出发去赶渡船了……

等他俩到了码头，渡船早已经开船了，这是今天最后一班渡船，看来只能等到明天再说了。于是两人相约找个投宿的客栈好好聊聊，就在这时，江上传来警讯，渡江的船在江心沉了……第二天报纸上刊登的新闻是，这艘沉到江心的渡船，上面乘客全部遇难，而买了船票还活着的，只有那两位年轻人……

捡钱的年轻人激动地非要给丢钱的年轻人下跪，说是因为他丢钱才救了自己一命，丢钱的年轻人说："此言差矣，我是因祸得福，保住一条命，您是因善得福，保住一条命！您要感谢就感谢自己的善良吧！"

捡钱的年轻人能做到这一点是很不容易的，"善者，圣之体也。害此善者，人欲而已。"面对这天降之财，他居然能保持良知清澈，不是想着自己如何去享受，而是担心丢钱的人会因此丧命，正是因为有这种致良知的伟大力量，才让他逢凶化吉！当然，有人会认为这只是小概率事件，但不管在什么情况下，致良知的人总是最幸运的，一定要有这样的积极思维方式，相信善的力量，相信致良知的力量！

经典原文鉴赏

《答魏师说》

师伊至，备闻日新之功，兼得来书，志意恳切，喜慰无尽！所云："任情任意，认作良知，及作意为之，不依本来良知，而自谓良知者，既已察识其病矣。"意与良知当分别明白。

凡应物起念处，皆谓之意。意则有是有非，能知得意之是与非者，则谓之良知。依得良知，即无有不是矣。所疑拘于体面，格于事势等患，皆是致良知之心未能诚切专一。若能诚切专一，自无此也。凡作事不能谋始与有轻忽苟且之弊者，亦皆致知之心未能诚一，亦是见得良知未透彻。若见得透彻，即体面事势中，莫非良知之妙用。除却体面事势之外，亦别无良知矣。岂得又为体面所局，事势所格？即已动于私意，非复良知之本然矣。今时同志中，虽皆知得良知无所不在，一涉酬应，便又将人情物理与良知看作两事，此诚不可以不察也。

延伸阅读

魏良弼（1492-1575年）字师说（悦），号水洲，江西南昌新建人。嘉靖二年(1523年)进士，授松阳知县，后历官刑科给事中、礼科都给事中。嘉靖十年(1531年)，因直谏，屡遭廷杖，下诏狱，然言之愈激，嘉靖惊讶其不死，于是特赦。先生居乡讲学达三十余年，深得乡人尊重。隆庆元年(1567年)，晋太常寺少卿，后告老还乡。万历三年(1575年)卒，年八十四，谥忠简。

1. 凡应物起念处，皆谓之意。意则有是有非，能知得意之是与非者，则谓之良知。依得良知，即无有不是矣。

凡是因外界事物而起的念头，都可以称之为"意"。只要是"意"就有是非之分，能正确区分念头"是非"的，就可以称之为"良知"。只要遵循良知，就没有不正确的。

2. 所疑拘于体面，格于事势等患，皆是致良知之心未能诚切专一。若能诚切专一，自无此也。凡作事不能谋始与有轻忽苟且之弊者，亦皆致知之心未能诚一，亦是见得良知未透彻。若见得透彻，即体面事势中，莫非良知之妙用。

所担心的在有些环境或场合中不容易做到致良知，这都是由于致良知的心不够真诚且专一。如果能做到真诚且专一，也就不会存在这样的担忧。凡是做事不能善始善终或者有轻率浮躁、违背本心、违背道德等问题的人，也都是因为致良知的心没有做到真诚专一，可见对致良知的理解不够透彻！如果对致良知理解透彻，即便是在世俗应酬当中，也能发挥致良知的妙用！

3. 今时同志中，虽皆知得良知无所不在，一涉酬应，便又将人情物理与良知看作两事，此诚不可以不察也。

现在的很多同志，虽然都知道致良知应该无处不在，可是一旦到了应酬场合，却又将世俗人情事理和致良知看成了两回事，这真的不能不认真反思啊！

学习感言

不积跬步，无以至千里；不积小流，无以成江海。写下学习感言的过程，是知识沉淀的过程，也是梳理内心的过程！

二十六、致良知需知行合一

阳明先生在四句教中告诉我们"知善知恶是良知",这是对"良知"的最精准到位的总结。一旦具备了"知善知恶"的能力,只要按照自己的良知去为人处世,就不会做错事。可是在这个物欲横流的社会环境中,却有太多的人每天都做着"自欺欺人"的事情,嘴上念念有词,心中也知善知恶,但一句"人在江湖身不由己"就给自己开脱了。这种心态本质上是在给自己的"不自律"找借口,看上去是"行"出了问题,实际上是"知"出了问题。

阳明先生主张"知行合一",知是行的主意,行是知的功夫,知是行的初始,行是知的结果,知行是没有界限的,也不存在知而不行,知而不行只是未知,真知才能真行,假知只能假行,不知者不行。

那些平时道理讲得头头是道,一到实践中就不能遵循良知的人，本质上致良知的功夫不到位，如果真的"知善知恶"，就会觉察出自己"不自律"的念头也是"恶"的。

一个真正致良知的人是绝对不会用别人的"错"来证明自己的"对"的！不管在任何情况下都不会掩耳盗铃、自欺欺人！

经典原文鉴赏

《与马子莘》

连得所寄书,诚慰倾渴!缔观来书,其字画文彩皆有加于畴昔,根本盛而枝叶茂,理固宜然。然草木之花,千叶者无实,其花繁者,其实鲜矣。迩来子莘之志,得无微有所溺①乎?是亦不可以不省也!良知之说,往时亦尝备讲,不审迩来能益莹彻否?明道云:"吾学虽有所受,然天理二字,却是自家体认出来。"良知即是天理。体认者,实有诸己之谓耳。非若世之想象讲说者之为也。近时同志,莫不知以良知为说,然亦未见有能实体认之者,是以尚未免于疑惑。盖有谓良知不足以尽天下之理,而必假于穷索以增益之者,又以为徒致良知未必能合于天理,须以良知讲求其所谓天理者,而执之以为一定之则,然后可以率由而无弊。是其为说,非实加体认之功而真有以见夫良知者,则亦莫能辩其言之似是而非也。莆中故多贤,国英及志道二三同志之外,相与切磋砥砺者,亦复几人?良知之外,更无知;致知之外,更无学。外良知以求知者,邪妄之知矣;外致知以为学者,异端之学矣。道丧千载,良知之学久为赘疣②,今之友朋知以此事日相讲求者,殆空谷之足音欤!想念虽切,无因面会一罄此怀,临书惘惘!不尽。

注解

①溺（nì）：沉迷不悟，过分，无节制。

②赘疣(zhuì yóu)：用作比喻多余无用的东西。《楚辞·九章·惜诵》等均有相关记载。

延伸阅读

马子莘（1491-1557年）名明衡，小阳明19岁，福建莆田县黄石塘尾(今荔城区黄石镇)人，明代书法家、经学家。正德九年(1514年)进士，任太常博士，后受业于王阳明，人称闽中王学自此始。正德年间在黄石创办"明衡学馆"，嘉靖初授湖广道监察御史。

嘉靖三年（1524年），因谏言犯上，被除名为民。罢官归乡后潜心书法、绘画，并致力于研习传播王学。嘉靖三十六年(1557年)卒于家乡，后入祀莆田乡贤祠。马子莘以刚正敢言有名，其父马思聪死于宁王之乱，称"父子双忠"。

1.谛观来书，其字画文彩皆有加于畴昔，根本盛而枝叶茂，理固宜然。然草木之花，千叶者无实，其花繁者，其实鲜矣。迩来子莘之志，得无微有所溺乎？是亦不可以不省也！

从书信中可以看出，你的字画和文采都比以前有了很大进步，树的根旺盛，枝叶才会茂盛，确实是这么一个道理，然而草木的花越是多得繁茂越很难有果实，最近子莘的志向会不会因为沉溺于书画而受到影响呢？这也不可不反省啊！

2.近时同志，莫不知以良知为说，然亦未见有能实体认之者，是以尚未免于疑惑。盖有谓良知不足以尽天下之理，而必假于穷索以增益之者，又以为徒致良知未必能合于天理，须以良知讲求其所谓天理者，而执之以为一定之则，然后可以率由而无弊。是其为说，非实加体认之功而真有以见夫良知者，则亦莫能辨其言之似是而非也。

最近很多同志都在学习致良知的学说，但却很少看到能身体力行去实践的，是因为心中的疑惑还没有消除。有人说良知学说不足以包含天下之理，于是通过穷理思索来完善这门学问，又有人认为单纯致良知未必能合乎天理，要通过致良知来探求所谓的天理，并且固执地认为这就是不二法门，并且认为这样可以做到没有弊病。这样的观点形成学说，如果不是身体力行实践致良知的人，很难辨别这种言论到底正确与否。

3. 良知之外，更无知；致知之外，更无学。外良知以求知者，邪妄之知矣；外致知以为学者，异端之学矣。

在良知以外，没有真正的认知；在致良知以外，没有真正的学问。抛开良知去求知，得到的一定是邪妄的认知；抛开致良知的学问，一定不是圣贤正学。

学习感言

不积跬步，无以至千里；不积小流，无以成江海。写下学习感言的过程，是知识沉淀的过程，也是梳理内心的过程！

二十七、专注的力量是神奇的

阳明先生修了兵家、法家、纵横家、儒家、释家、道家,龙场悟道之后开始专注于儒家思想,且坚持"致良知"学说的传播,也就是开始专注后,阳明先生才开启了大成就的人生。

百家观点各不相同,面对同一件事情和同一种现象评价不一样、观点不一样,处理问题和做事情的原则和方法也不一样,如果不能专注于某一个方向,势必会乱了自己的阵脚。

阳明先生将知行合一、致良知学说应用于处理地方政务、指挥军事作战、传播圣贤学问,尤其是对致良知的坚持,创造了很多奇迹。

这个世界聪明的人很多,而有成就的人很少,究其原因就是"不够专注"。人的精力都是有限的,过多地分散精力就会把自己变成杂家,而有成就的人大都是专家,专注在一个细分领域,投入自己全部精力，从而有了大成就。

《阿甘正传》给我们讲述了阿甘的传奇人生，这个智商不高，看起来傻傻的阿甘，居然干什么都能有成就，这让很多聪明人都羡慕不已。阿甘成功的秘诀是什么呢？答案就是"专注"，他无论干什么事都会心无旁骛、全力以赴，在部队练习组枪、战场上救援、打乒乓球、出海打鱼、跑步……无论做什么，阿甘总是能创造奇迹，唯一的秘密就是他能够专注于自己的当下，全力以赴做好一件事情。

所谓大智若愚，就是一种返璞归真的人生状态，身上没有世俗的小聪明，没有习气的浸染，完全是一种真我状态。

球星贝克汉姆的任意球非常厉害，很多人都特别好奇，如此牛的球技到底是因为天赋还是因为后天的训练？于是有一帮记者就去采访贝克汉姆的父亲，想多了解一些内幕，他们想知道贝克汉姆是不是小时候就有这样的特殊天赋，还是接受了什么特殊训练。贝克汉姆父亲的回答令大家有些失望，他说没发现儿子小时候有什么特殊的天赋，但如果非要说什么过人之处的话，那就是"比一般小朋友要努力且专注"！

"想不想知道我儿子小时候的秘密训练基地？"老贝克汉姆这句话引起了大家的浓厚兴趣，大家跟着他来到后花园，看到一棵树上吊着一个破旧的轮胎，老贝克汉姆指着那个轮胎说："看，这就是秘密所在！"

原来小贝克汉姆从小就在这里练习踢球,他一开始距离轮胎比较近,当他可以熟练地把球踢过轮胎后,就开始后退一些,就这样越来越远,直到他可以从卧室隔着窗户把球踢出来精准地穿过对面树上的轮胎……小贝克汉姆精准射球、远距离进球、任意球都是他的强项,没想到这背后居然是这么简单的方法,记者们以为自己找到了最核心的秘密,兴奋起来。

"这个看起来很简单的方法,要坚持做下去是很难的,我儿子练球非常努力,有一天早上我送他一双新球鞋,到了晚上他告诉我说球鞋坏了,我本来想给他修修,后来一看,我决定再给他买一双新的,你猜怎么着?新球鞋被踢烂了,你们可以想象一下,这得多大的运动量!"老贝克汉姆脸上洋溢着自豪的微笑。

这就是专注的力量,可以让简单的重复产生神奇的结果!

真 我	假 我
相信努力	相信运气
相信认真	相信技巧
心无旁骛	三心二意

经典原文鉴赏

《与毛古庵宪副》

亟承书惠,既荷不遗,中间歉然下问之意,尤足以仰见贤者进修之功勤勤不懈,喜幸何可言也!无因促膝一陈鄙见,以求是正,可胜瞻驰①!

凡鄙人所谓致良知之说,与今之所谓体认天理之说,本亦无大相远,但微有直截迂曲之差耳。譬之种植,致良知者,是培其根本之生意而达之枝叶者也;体认天理者,是茂其枝叶之生意而求以复之根本者也。然培其根本之生意,固自有以达之枝叶矣;欲茂其枝叶之生意,亦安能舍根本而别有生意可以茂之枝叶之间者乎?吾兄忠信近道之资既自出于侪辈之上,近见胡正人,备谈吾兄平日工夫又皆笃实恳切,非若世之徇名远迹而徒以支离于其外者。只如此用力不已,自当循循有至,所谓殊途而同归者也。亦奚必改途易业,而别求所谓为学之方乎!惟吾兄益就平日用工得力处进步不息,譬之适京都者,始在偏州僻壤,未免经历于傍蹊曲径之中,苟志往不懈,未有不达于通衢②大路者也。病躯咳作,不能多及,寄去鄙录,末后论学一书,亦颇发明鄙见,暇中幸示及之!

注解

①瞻驰（zhān chí）：仰望神驰。

②通衢（tōng qú）：指为四通八达、宽敞平坦的道路。语出汉·班昭《东征赋》："遵通衢之大道兮，求捷径欲从谁。"

延伸阅读

毛古庵是王阳明的同乡毛科，二人交谊很深。早在正德三年（1508年），阳明谪居龙场期间，就曾经给时任贵州提学副使兼巡按御史的毛科作文《远俗亭记》。

凡鄙人所谓致良知之说，与今之所谓体认天理之说，本亦无大相远，但微有直截迂曲之差耳。譬之种植，致良知者，是培其根本之生意而达之枝叶者也；体认天理者，是茂其枝叶之生意而求以复之根本者也。然培其根本之生意，固自有以达之枝叶矣；欲茂其枝叶之生意，亦安能舍根本而别有生意可以茂之枝叶之间者乎？

只要是我所讲的致良知的学说，与当今所谓的"体认天理"的学说原本就没有大的差别，但是有"直接"和"间接"的区别。我们拿种树来打个比方，致良知是通过提升树根的生命力而实现枝叶茂盛；体认天理是通过让枝叶茂盛来恢复树根的生命力。然而提升树根的生命力，枝叶自然就会茂盛；要想让枝叶茂盛，哪儿能舍掉根本而有别的方式让枝叶茂盛？

学习感言

不积跬步，无以至千里；不积小流，无以成江海。写下学习感言的过程，是知识沉淀的过程，也是梳理内心的过程！

二十八、破山中贼易,破心中贼难

赣南剿匪是王阳明心学智慧的一次大实践,明朝正德年间,这一带的匪患不断,派了多少能征善战的将士都无法根除当地匪患,时间一长,这里就形成了适合土匪横行的生态圈,官民匪相互关联勾结,盘根错节,情况非常复杂。吏部尚书王琼观察了王阳明很久,发现他在龙场驿和庐陵知县的任上非常善于处理复杂的民情和地方事务,做事不拘于俗套,总是能"用奇谋""出奇兵",于是王琼决定推荐王阳明赴赣南剿匪。

这对于王阳明来说是一次大好机会,因为他怎么也没想到自己居然有机会领兵打仗,从小就有安邦定国之志的王阳明顿时感觉很兴奋,自己研读的兵家经典终于有用武之地了。这种兴奋只持续了一小会儿,王阳明马上就静下心来思考一个很严肃的问题,赣南是久乱之地,土匪较多,很多土匪是上山为匪,下山为农,匪民混在一起很难辨别，这为剿匪增加了难度。然后又听说以前派去的官兵与土匪作战，不是被伏击就是扑了空，可见官府内部也与土匪有着复杂的联系。如果只是领兵与土匪作战，那就变得简单了，而现在面临的问题不是带兵打仗能够解决的，这已经远远超出了军事课题，是一个综合治理问题，如果当作军事课题来对待，注定会失败。王阳明在出发去赣南之前不断提醒自己，不要重蹈覆辙，必须找到根源，从根本上解决问题。

到了赣南，王阳明才发现这里的形势有多么复杂，衙役和士兵根本无心剿匪，整支队伍散散漫漫，还没打仗就已经溃不成军，几次进山剿匪不是扑了空就是遭到伏击，双方交战就像演戏，似乎已经约定了互不侵犯，演给王阳明一个人看看而已。

于是王阳明想到了这段话：

君子之致权也有道，本之至诚以立其德，植之善类以多其辅，示之以无不容之量以安其情，扩之以无所竞之心以平其气，昭之以不可夺之节以端其向，神之以不可测之机以摄其奸，形之以必可赖之智以收其望。

所以王阳明决定先从整顿内部开始，如果官兵无心剿匪，再周密的剿匪部署都没用。

第一步，要让大家正确认识匪患。

王阳明对当地土匪做了统计和分析,发现土匪类型不太一样,有的是作恶的土匪,烧杀抢掠无恶不作,此类为恶匪;有的是当地善良百姓为了自保和对抗土匪而成立的武装,他们并不打家劫舍,可是以往剿匪把他们也列入打击对象,导致他们与官府产生对抗,此类为善匪;有的是因为当地出现自然灾害,官府非但不赈济,也不减轻赋税,导致官逼民反,他们也不会烧杀抢掠,甚至还有一定的群众基础,此类为乱民;有的是受到土匪胁迫,本身自己不愿意做土匪,由于受到威胁,不得不上山为匪,此类为伪匪。

　　通过一番分析后,王阳明突然发现,看上去乱作一团的赣南匪患其实并没有那么严重,真正要剿灭的是那些恶匪,而恶匪所占比例很小,如果能团结百姓的力量,那恶匪剿灭指日可待。

　　王阳明召集大家,将赣南的匪患局势做了一个分析,并在内部强调,凡不是恶匪的,均不是官府要剿灭的对象,剿匪不是目的,还赣南百姓一个太平日子才是目的,破坏剿匪计划的,不仅是在与官府作对,更是在与赣南百姓作对。

　　然后搜集恶匪烧杀抢掠的案件,当一件件残暴血腥的案件摆在官史衙役和士兵面前时,大家内心开始意识到了恶匪的可恶之处,匪患给百姓造成了巨大伤害,平定匪患是民心所向。

　　第二步,肃清内奸,一致对外。

　　对于有通匪嫌疑的人员,王阳明安排一一进行调查和沟通,在强大的心理攻势下，这些内奸都认罪了，按理来讲，这些都是杀头的死罪，但是王阳明没有进一步追究他们，而是选择原谅他们，但有一个要求，就是必须将功赎罪！这些土匪的内应变成了王阳明的情报人员，他们在王阳明的计划部署下，向土匪传递着一份又一份虚假情报，同时把一份份有关土匪的真实情报传递给王阳明，就这样，王阳明不仅肃清了内奸，还建立了剿匪前线的情报系统。

第三步，明确奖惩，激励军心。

土匪的猖獗与朝廷的招抚过滥有着很大的关系，由于地方可用于剿匪的武装力量太有限，很多奉命剿匪的官员都优先采取招安政策，这样可以不用刀兵相见，又可以向朝廷交差。这看似解决了匪患，其实都是表面文章，实质上匪患越来越猖獗，因为大家看到"坏孩子不仅不挨打，而且还有糖吃"，所以土匪非但不减少，反而多了起来。那些拿到好处的土匪，在官兵撤走后，又重新占山为王，为非作歹，而且更加嚣张，就这样，官兵与土匪之间一次次上演着这种荒唐的闹剧，赣南的风气越来越糟糕。

王阳明看到了盲目招安的弊病，所以决定不再烂招安，要有规划有区别地进行，对于惯犯，不再招安，定要一举剿灭，杀一儆百。

要想杀一儆百，自己的队伍作战能力必须要强，如果总是吃败仗，土匪就会更加猖狂，于是王阳明决定整肃军纪、明确奖惩、激励军心，清楚规定了哪些违反军纪的情况需要军法处置，俘虏或斩获匪徒首级可以获得什么奖赏。明确奖惩、严明军纪后，剿匪的军队士气高涨起来，个个摩拳擦掌跃跃欲试。

为了重振军心，威慑众匪，王阳明决定找一个名声不好、实力又不行的软柿子开捏，于是大获全胜，军心果然大振，此时王阳明并没有急着去围剿其他土匪，而是决定采取攻心之战。

第四步，统一战线，孤立恶匪。

攻城掠地为下，攻心为上！深谙此道的阳明先生决定统一战线孤立恶匪，于是写出公开信，对于没有恶行的武装力量，只要自动解散，官府不再追究，并且会通过减免赋税，鼓励返乡耕种；对于有烧杀抢掠恶行的土匪，只追究匪首和主要头目的责任，其他被胁从的人员如果愿意弃暗投明，官府也不再追究，并且也可以享受减免赋税的政策；对于一意孤行、拒不悔改的惯犯恶匪，官府会坚决围剿，绝不姑息！

阳明先生态度坚定，同时也在反思官府的责任，对于被逼无奈走向乱民盗匪之路的善民们表示理解、同情和歉意，并希望他们为了家中妻儿老小、弃暗投明、弃恶从善。大家心中都想安居乐业、享受天伦之乐，谁都不想一天到晚担惊受怕、躲躲藏藏，只是以前不知道怎么重新开始，现在机会来了，阳明先生承诺，对于主动弃恶从善的人，官府不但不会追究，还会尽全力营造一个安居乐业的好环境……

于是一大批被胁迫的、被逼的盗匪或民间武装力量自动解除武装，选择回家耕种，而阳明先生和官府也兑现了诺言。阳明先生用实践向人们证明一点：人人皆有良知，即便是盗寇内心也有良知，致良知的力量是伟大的！

第五步，瓦解盗匪同盟。

对于那些拒不投降的恶匪惯犯，王阳明特别担心这些武装力量勾结到一起，如果贸然进攻可能会导致匪寇狗急跳墙、拼死相抗，所以他决定"围而不打，以待其乱"。而事实上也是如此，那些本来准备与官兵抗争到底的匪寇，在官兵围困而不进攻的环境下，纷纷失去了耐心，各种猜忌，跑的跑、逃的逃。看匪众士气已消沉，阳明先生才下令官兵正式攻击，一个个的匪巢被攻陷，一个个的匪首被擒获或斩杀，祸害赣南多年的匪患被文弱书生阳明先生给消除了。

第六步，破山中贼，更要破心中贼。

在跟随阳明先生赴赣南剿匪的队伍中，有一些这样的人，他们都是书生，不能上马杀敌，却是剿匪的核心力量之一，他们就是阳明先生的弟子们。阳明先生的弟子们在剿匪的队伍中承担的重要任务就是配合进行心理战，比如抄写书信、思想动员、搜集民情、教化民众等等，这应该是"政治部"的雏形，也在实践中验证了政宣工作的重要性。

在赣南匪患消除后，大家都认为大功告成了，而阳明先生却摇了摇头，说："破山中贼易，破心中贼难。"弟子们不解，问阳明先生这句话的意思。

阳明先生问大家："匪患的根源在哪里？"

弟子们说："盘踞当地多年的贼巢不是已经被肃清了吗？匪患的根源应该已经消除了啊。"

阳明先生摇摇头说："看得见的盗贼不可怕，看不见的盗贼才可怕，这匪患的根源就在人们的心里，如果民风不变，此地百姓的习气不减，一遇到灾害之年或有贼首作乱，盗贼又会聚集，所以我说，破山中贼易，破心中贼难啊！"

众弟子恍然大悟，问先生："那我们应该做什么呢？怎么去除这心中之贼呢？"

阳明先生说："破山中贼靠用兵，破心中贼靠教化！破山中贼，将士们是主力，破心中贼，在座的各位就是主力了！"

弟子们纷纷表示愿意尽全力，问先生应该具体怎么做？

阳明先生说："赣南这么大的地方，越是偏僻的地方越是容易出现匪患的地方，我们要将朝廷的律法、圣贤的教育宣导到每一个山村，让百姓知善知恶，去除内心的错误观念和不良风气，做到移风易俗。我相信大明王朝的每一个子民都是有良知的，只是由于环境闭塞，接受不到圣贤教化，才容易被贼人教唆误导。如果我们能把正确的思想宣传到这些闭塞的地方，然后帮助百姓普及教育，那破心中贼就指日可待了，只是这样太辛苦各位了！"

"我等愿意尽全力破这心中之贼！"弟子们纷纷表示。

"好！我代表赣南百姓谢过各位了！各位务必记住，这心中贼不仅在偏远山村的百姓心中，更在我们大家自己心中，这贼便是私欲和贪念，我们一定要做到致良知，去除心中之私欲，让百姓看到我们的表里如一和良好的作风，这样才能真正影响百姓！这剿灭心中贼的任务要比剿灭山中贼难得多，大家务必要用心对待！"阳明先生语重心长地说。

"先生放心，我等一定谨记教诲！"弟子们个个信心满满。

真 我	假 我
善于反思	行为莽撞
理智冷静	焦头烂额
言行一致	表里不一

经典原文鉴赏

《答欧阳崇一书》（节选）

来书又云："师云：'为学终身只是一事，不论有事无事，只是这一件。若说宁不了事，不可不加培养，却是分为两事也。'窃意觉精力衰弱，不足以终事者，良知也。宁不了事，且加休养，致知也。如何却为两事？若事变之来，有事势不容不了，而精力虽衰，稍鼓舞亦能支持，则持志以帅气可矣。然言动终无气力，毕事则困惫已甚，不几于暴其气已乎？此其轻重缓急，良知固未尝不知，然或迫于事势，安能顾精力？或困于精力，安能顾事势？如之何则可？"

"宁不了事，不可不加培养"之意，且与初学如此说，亦不为无益。但作两事看了，便有病痛在。孟子言"必有事焉"，则君子之学终身只是"集义"一事。义者，宜也。心得其宜之谓义。能致良知，则心得其宜矣，故集义亦只是致良知。君子之酬酢①万变，当行则行，当止则止，当生则生，当死则死，斟酌调停，无非是致其良知，以求自慊②而已。

故"君子素其位而行，思不出其位"，凡谋其力之所不及而强其知之所不能者，皆不得为致良知；而凡"劳其筋骨，饿其体肤，空乏其身，行拂乱其所为，动心忍性以增益其所不能"者，皆所以致其良知也。若云"宁不了事，不可不加培养"者，亦是先有功利之心，较计成败利钝而爱憎取舍于其间，是以将了事自作一事，而培养又别作一事，此便有是内非外之意，便是自私用智，便是"义外"，便有"不得于心，勿求于气"之病，便不是致良知以求自慊之功矣。所云"鼓舞支持，毕事则困惫已甚"，又云"迫于事势，困于精力"，皆是把作两事做了，所以有此。

凡学问之功，一则诚，二则伪，凡此皆是致良知之意，欠诚一真切之故。《大学》言："诚其意者，如恶恶臭，如好好色，此之谓自慊。"曾见有恶恶臭，好好色，而须鼓舞支持者乎？曾有毕事则困惫已甚者乎？曾有迫于事势、困于精力者乎？此可以知其受病之所从来矣。

来书又有云："人情机诈百出，御之以不疑，往往为所欺；觉则自入于逆臆。夫逆诈即诈也，臆不信即非信也，为人欺又非觉也。不逆不臆而常先觉，其惟良知莹彻乎？然而出入毫忽之间，背觉合诈者多矣。"

"不逆不臆而先觉"，此孔子因当时人专以逆诈、臆不信为心，而自陷于诈与不信，又有不逆、不臆者，然不知致良知之功，而往往又为人所欺诈，故有是言。非教人以是存心而专欲先觉人之诈与不信也。以是存心，即是后世猜忌险薄者之事，而只此一念，已不可与入尧、舜之道矣。不逆不臆而为人所欺者，尚亦不失为善，但不如能致其良知而自然先觉者之尤为贤耳。

崇一谓其惟良知莹彻者，盖已得其旨矣。然亦颖悟所及，恐未实际也。盖良知之在人心，亘万古，塞宇宙，而无不同。不虑而知，恒易以知险，不学而能，恒简以知阻，先天而天不违，天且不违，而况于人乎？况于鬼神乎？夫谓背觉合诈者，是虽不逆人，而或未能无自欺也；虽不臆人，而或未能果自信也。是或常有求先觉之心，而未能常自觉也。常有求先觉之心，即已流于逆、臆，而足以自蔽其良知矣。此背觉合诈之所以未免也。

君子学以为己，未尝虞③人之欺己也，恒不自欺其良知而已；未尝虞人之不信己也，恒自信其良知而已；未尝求先觉人之诈与不信也，恒务自觉其良知而已。是故不欺则良知无所伪而诚，诚则明矣；自信则良知无所惑而明，明则诚矣。明诚相生，是故良知常觉常照。常觉常照，则如明镜之悬，而物之来者自不能遁其妍媸④矣。何者？不欺而诚则无所容其欺，苟有欺焉，而觉矣；自信而诚则无所容其不信，苟不信焉，而觉矣。是谓易以知险，简以知阻，子思所谓"至诚如神，可以前知"者也。

然子思⑤谓"如神"，谓"可以前知"，犹二而言之。是盖推言思诚者之功效，是犹为不能先觉者说也。若就至诚而言，则至诚之妙用即谓之神，不必言"如神"。至诚则无知而无不知，不必言"可以前知"矣。

 注解

①酬酢（chóu zuò）：宾主互相敬酒（酬：向客人敬酒，酢：向主人敬酒），泛指交际应酬。

②自慊（zì qiè）：自足；自快。

③虞（yú）：预料；忧虑。

④妍蚩（yán chī）：表示美和丑，出于《文赋》。

⑤子思：孔伋，字子思，孔子之子孔鲤的儿子。约前483年—前402年，战国初期著名的思想家。受教于孔子的高足曾参，孔子的思想学说由曾参传子思，子思的门人再传孟子。传统观点认为子思作《中庸》。

延伸阅读

欧阳崇一：1496—1554年，名德，字崇一，号南野，江西泰和人，官至礼部尚书。欧阳德为人敢于"谠言正论"，不避权贵，临危不惧。德服膺阳明"致良知"说，是江右阳明心学正传的主要代表人物，影响较大，著有《欧阳南野集》。

本文是嘉靖五年（1526年）丙戌，阳明先生在越城写给欧阳崇一的回信节选。

1. 心得其宜之谓义。能致良知，则心得其宜矣，故集义亦只是致良知。

内心世界能够感受到宁静愉悦舒适这就是"义"，能够致良知的人，内心世界是宁静愉悦舒适的，所以"集义"的过程其实就是致良知的过程。

这里的内心指的是没有私欲干扰的内心，通天理的内心，比如：一个人挤地铁，忙了一天很累，终于等到有一个座位，刚坐下，结果上来一位年过七旬的老人，老人家就站在他身边，此时他的内心开始斗争起来："让座，还是装作没看见？"一种情况是，他装作睡着了，没有让座，但是一路上内心世界充满了纠结，仿佛有无数双眼睛在以鄙视的眼光看着自己，身体固然轻松了，但是内心却一点儿也不轻松，这就不是"义"，也就不是致良知！

另一种情况是，起身把座位让给了老人，虽然身体累一些，但是内心突然感觉很轻松愉悦，感觉周围所有人的眼光中都充满了赞许，这种让内心宁静愉悦舒适的就是"义"，在起身那一刻，全身充满了正能量，心中充满了善的力量，达到这种善的、正确的认知状态就是"致良知"！

2. 故"君子素其位而行，思不出其位"，凡谋其力之所不及而强其知之所不能者，皆不得为致良知；而凡"劳其筋骨，饿其体肤，空乏其身，行拂乱其所为，动心忍性以增益其所不能"者，皆所以致其良知也。

所以君子根据自己的身份地位而做事，不会有非分之想，凡是在能力还不够时追求超出自己能力范围的职位，都无法做到致良知；凡是愿意接受磨练，不断提升自己能力的，才是真正的致良知！

3. 凡学问之功，一则诚，二则伪，凡此皆是致良知之意欠诚一真切之故。《大学》言："诚其意者，如恶恶臭，如好好色，此之谓自慊。"曾见有恶恶臭，好好色而须鼓舞支持者乎？曾见毕事则困惫已甚者乎？曾有迫于事势、困于精力者乎？

凡在学问上用功，专注才是真诚的，不专注都是假用功，凡是不专注的都是因为致良知的诚意不够所导致的。《大学》中有讲道："凡是致良知的诚意足够的，看到恶的事物就像闻到恶臭一样厌恶，看到善的事物就像看到美景美色一样喜欢，这叫作自足。"你何时见到过厌恶恶臭和喜欢美色还需要别人鼓舞支持的？或者坚持这样做还感觉累的？或者是被逼无奈才这样做的？

4.君子学以为己，未尝虞人之欺己也，恒不自欺其良知而已；未尝虞人之不信己也，恒自信其良知而已；未尝求先觉人之诈与不信也，恒务自觉其良知而已。

君子通过学习提高自己的修为，从不担心别人欺骗自己，坚持自己不欺骗自己的良知而已；从不担心别人不信任自己，坚持自己相信自己的良知而已；从不追求能够预知别人的欺诈与不诚信，坚持遵循内心的良知而已！

人若不自欺，则天下无可欺者！内心有私欲，才会被蒙蔽、被欺骗，如果能够坚持致良知，起心动念之间就能知道念头的善与恶，就不会被蒙蔽、被欺骗。

学习感言

不积跬步，无以至千里；不积小流，无以成江海。写下学习感言的过程，是知识沉淀的过程，也是梳理内心的过程！

二十九、知行合一的智慧

在日常生活和工作中,我们可能会面临这样的困惑,看到一个人做错了事情,你本来想说服他改过,可是发现非常难,为什么呢?因为他的内心世界可能和你不一样,所以对外界的意见反应就不一样。比如你看到一个人吸烟,你告诫他说:"吸烟有害健康,赶紧戒烟吧!"听到这个意见的人往往会一笑了之,为什么呢?因为他不认为这个危害跟自己有关系,你说的道理他听了N遍,但其实他并不"知"这个道理,所以就不会"行"。某一天,他做了一个关于癌症风险筛查的体检,报告显示他有患肺癌的风险,医生建议他马上戒烟,你觉得他还会一笑了之吗?他会马上后悔不已,决定立即戒烟,此时他真的意识到了"吸烟有害健康",这个听了N遍的道理,此时突然"知"了,所以不用硬性要求,就马上"行"了,所以知行原本就是合一的,真知真行,不知不行!

我在阳明心学的培训现场，经常跟学员做这样一个互动："知道锻炼身体很重要的，请举手！"结果大部分都举手。"每天坚持锻炼30分钟的，请举手！"结果举手的寥寥无几。这说明什么？大家真的知道锻炼身体很重要吗？看似知道，其实不知道，如果真的知道，一定会坚持锻炼身体的，比如，如果一个人去体检，医生告诉他必须每天锻炼30分钟，如果不照做，很有可能要坐轮椅的，如果照做了，活到80岁可能身体也不会有问题，你说他会不会坚持锻炼？一般人都会按照医生的建议去做的，这就是真知道锻炼身体的重要性了，行动就是自然而然的事了。

一个内心真"知"孝悌的人，一定在行动上是孝顺的，不用有人教他如何尽孝心，他自然知道如何尽孝心，一个行动上不尽孝心的人，一定不是真"知"孝悌，知行从来都是合一的，当意念产生的时候，行动就开始了，意之发动便是行！

当一个人行为上有问题的时候，仅是约束和纠正他的行为是没用的，最有效的方式是改变他的认知，一个认为随地吐痰很正常的人，你去限制他随地吐痰，他反而会抵触，这种行为在他身上是无法根除的。一旦一个人真正认识到随地吐痰的行为有多么的令人讨厌，一个受人尊重的文明人不应该随地吐痰，他就会内心自我约束自己，不用别人监督，自己就会从根本上消除这种不良行为。

同样道理，你无法通过表面监督让一个厌学的孩子开始勤奋学习，除非哪一天这个孩子真正爱上学习！谁都无法叫醒一个装睡的人，因为睡是表象，装才是真相，等哪一天不想装了，不用叫他，自己就醒了！

你对一个有严重鼻炎的人说："什么味道？好臭！"他的反应是："哪儿臭？就你事儿多，我怎么闻不到？"你都快被臭味儿熏吐了，他仍旧没感觉。一个不致良知的人，面对恶的现象，就像严重鼻炎的人对待周围的臭味，没感觉，你想通过提醒来影响他的行为，他可能会反过来嘲笑你。一个致良知的人，就像一个突然治好了鼻炎的人，鼻子通了，嗅觉恢复了，你还用提醒他吗？他看到恶的现象就像闻到了恶臭，你还没来得及提醒他，他早已经躲开了，这就是"知行合一"！"致良知"就是恢复我们对善与恶的"嗅觉"！

同样道理，你对一个盲人说："看，这里的景色太美了！"他有反应吗？他不会有反应！如果他突然恢复了视力，不用你提醒，看到美丽的景色他自己都会陶醉的，这就是"知行合一"！"致良知"就是恢复我们对善与恶的"视力"！

知行合一的人是不用强迫自己的，真知就一定会行，一切都是顺其自然的，这就是"如恶恶臭，如好好色"要表达的意思。

知行合一，通过改变"知"，来影响"行"，这是阳明心学的大智慧之一！致良知的人，看待世界的角度和高度都会发生改变，所以行为会一下子高尚起来，思维变得积极而富有正能量，我们强调致良知，就是要通过提升"知"的境界来实现更伟大的"行"！

真　我	假　我
知善知恶	善恶不分
好善恶恶	不知有恶

经典原文鉴赏

《答聂文蔚书》

春间远劳迂途枉顾问证，惓惓此情，何可当也？已期二三同志，更处静地，扳留旬日，少效其鄙见，以求切靡之益。而公期俗绊，势有不能，别去极怏怏，如有所失。忽承笺惠，反复千余言，读之无甚浣慰。中间推许太过，盖亦奖掖之盛心。而规砺真切，思欲纳之于贤圣之域。又托诸崇一以致其勤勤恳恳之怀，此非深交笃爱何以及是？知感知愧，且惧其无以堪之也。虽然，仆亦何敢不自鞭勉，而徒以感愧辞让为乎哉？其谓"思、孟、周、程无意相遭于千载之下，与其尽信于天下，不若真信于一人。道固自在，学亦自在，天下信之不为多，一人信之不为少"者，斯固君子"不见是而无闷"之心。岂世之谫谫屑屑①者知足以及之乎？乃仆之情，则有大不得已者存乎其间。而非以计人之信与不信也。

夫人者，天地之心。天地万物本吾一体者也。生民之困苦荼毒，孰非疾痛之切于吾身者乎？不知吾身之疾痛，无是非之心者也。是非之心，不虑而知，不学而能，所谓良知也。良知之在人心，无间于圣愚，天下古今之所同也。世之君子惟务致其良知，则自能公是非，同好恶，视人犹己，视国犹家，而以天地万物为一体。求天下无治，不可得矣。古之人所以能见善不啻若己出，见恶不啻②若己入，视民之饥溺，犹己之饥溺，而一夫不获，若己推而纳诸沟中者。非故为是而以蕲天下之信己也，务致其良知，求自慊而已矣。尧、舜、禹三王之圣，言而民莫不信者，致其良知而言之也。行而民莫不说者，致其良知而行之也。是以其民熙熙皞皞③，杀之不怨，利之不庸，施及蛮貊④，而凡有血气者莫不尊亲，为其良知之同也。呜呼！圣人之治天下，何其简且易哉！

后世良知之学不明，天下之人用其私智以相比轧，是以人各有心，而偏琐僻陋之见，狡伪阴邪之术，至于不可胜说。外假仁义之名，而内以行其自私自利之实，诡辞以阿俗，矫行以干誉。损人之善而袭以为己长，讦人之私而窃以为己直。忿以相胜而犹谓之徇义。险以相倾而犹谓之疾恶，妒贤忌能而犹自以为公是非，恣情纵欲而犹自以为同好恶。相陵相贼，自其一家骨肉之亲，已不能无尔我胜负之意，彼此藩篱之形，而况于天下之大，民物之众，又何能一体而视之？则无怪于纷纷籍籍，而祸乱相寻于无穷矣。

仆诚赖天之灵，偶有见于良知之学，以为必由此而后天下可得而治。是以每念斯民之陷溺⑤，则为之戚然痛心，忘其身之不肖，而思以此救之，亦不自知其量者。天下之人见其若是，遂相与非笑而诋斥之，以为是病狂丧心之人耳。呜呼，是奚足恤哉？吾方疾痛之切体，而暇计人之非笑呼？

人固有见其父子兄弟之坠溺于深渊者，呼号匍匐，裸跣颠顿，扳悬崖壁而下拯之。士之见者，方相与揖让谈笑于其旁，以为是弃其礼貌衣冠而呼号颠顿若此，是病狂丧心者也。故夫揖让谈笑于溺人之旁而不知救，此惟行路之人，无亲戚骨肉之情者能之。然已谓之无恻隐之心，非人矣。若夫在父子兄弟之爱者，则固未有不痛心疾首，狂奔尽气，匍匐而拯之，彼将陷溺于祸而不顾，而况于病狂丧心之讥乎？而又况于蕲人信与不信乎！呜呼！今之人虽谓仆为病狂丧心之人，亦无不可矣。天下之人，皆吾之心也。天下之人犹有病狂者矣，吾安得而非病狂乎？犹有丧心者矣，吾安得而非丧心乎？

昔者孔子之在当时，有议其为谄者，有讥其为佞者，有毁其未贤，诋其为不知礼，而侮之以为东家丘者，有嫉且沮之者，有恶而欲杀之者，晨门、荷蒉之徒，皆当时之贤士，且曰："是知其不可而为之者欤？""鄙哉！硁硁乎！莫己知也，斯已而已矣。"虽子路在升堂之列，尚不能无疑于其所见，不悦于其所欲往，而且以之为迂，则当时之不信夫子者，岂特十之二三而已乎？然而夫子汲汲遑遑，若求亡子于道路，而不暇于暖席者，宁以蕲人之知我、信我而已哉？盖其天地万物一体之仁，疾痛迫切，虽欲已之而自有所不容已，故其言曰："吾非斯人之徒与而谁与？""欲洁其身而乱大伦。""果哉，末之难矣！"呜呼！此非诚以天地万物者为一体者，孰能以知夫子之心乎？若其"遁世无闷"，"乐天知命"者，则固"无入而自得"，"道并行而不相悖"也。

仆之不肖，何敢以夫子之道为己任。顾其心亦已稍知疾痛之在身，是以彷徨四顾，将求其有助于我者，相与讲去其病耳。今诚得豪杰同志之士，扶持匡翼，共明良知之学于天下，使天下之人皆知自致其良知，以相安相养，去共自私自利之蔽，一洗谗妒胜忿之习，以济于大同。则仆之狂病固将脱然以愈，而终免于丧心之患矣。岂不快哉！

嗟乎！今诚欲求豪杰同志之士于天下，非如吾文蔚者而谁望之乎？如吾文蔚之才与志，诚足以援天下之溺者，今又既知其具之在我，而无假于外求矣，循是而充，若决河注海，孰得而御哉？文蔚所谓"一人信之不为少"，其又能逊以委之何人乎？

会稽素处山水之区。深林长谷，信步皆是，寒暑晦明，无时不宜，安居饱食，尘嚣无扰，良朋四集，道义日新，优哉游哉！天地之间宁复有乐于是者？孔子云："不怨天，不尤人，下学而上达。"仆与二三同志方将请事斯语，奚暇外慕？独其切肤之痛，乃有未能恝然者，辄复云云尔。

咳疾暑毒，书札绝懒，盛使远来，迟留经月，临歧执笔，又不觉累纸，盖于相知之深，虽已缕缕至此，殊觉有所未能尽也。

①谫谫屑屑（jiǎn jiǎn xiè xiè）：浅薄猥琐。

②不啻（bù chì）：指不只；不止；不仅仅；不亚于。语出《书·多士》："尔不克敬，尔不啻不有尔土，予亦致天之罚于尔躬。"

③熙熙皞皞（xī xī hào hào）：和乐；怡然自得。

④蛮貊（mán mò）：指的是南方和北方落后部族。

⑤陷溺（xiàn nì）：深深地迷惑或迷恋。

⑥匡翼（kuāng yì）：是指匡正辅佐。

延伸阅读

聂文蔚：1487—1563 年，名豹，字文蔚，号双江，江西吉安永丰人，明代著名的廉吏，官至兵部尚书。嘉靖五年(1526 年)春，因公赴闽，途经杭州，当时王阳明在绍兴讲学，聂豹不顾别人劝阻，前往就教。文蔚极为崇拜阳明先生，先生去世后，文蔚立位北面再拜，始称门生。

1. 夫人者，天地之心。天地万物本吾一体者也。生民之困苦荼毒，孰非疾痛之切于吾身者乎？不知吾身之疾痛，无是非之心者也。是非之心，不虑而知，不学而能，所谓良知也。

人是天地万物的心，天地万物本来跟我们就是一体的，看到天下百姓受苦受难，谁不会感同身受？如果不能感同身受，就是没有是非之心。是非之心，不用思考就能知道，不用学习就会运用，这就是所谓的良知！

2. 良知之在人心，无间于圣愚，天下古今之所同也。世之君子惟务致其良知，则自能公是非，同好恶，视人犹己，视国犹家，而以天地万物为一体。求天下无治，不可得矣。

良知在人们心中，圣人和普通人都是一样的，全天下所有的人自古以来都一样。世上君子都努力实现自己的良知状态，能够做到明辨是非，自觉做到为善去恶，对别人能做到换位思考、感同身受，将国家利益视作如自家一般紧密相关，把天地万物看成是一体的，这样一来，天下必然太平繁荣！

3. 古之人所以能见善不啻若己出，见恶不啻若己入，视民之饥溺，犹己之饥溺，而一夫不获，若己推而纳诸沟中者。非故为是而以蕲天下之信己也，务致其良知，求自慊而已矣。尧、舜、禹三王之圣，言而民莫不信者，致其良知而言之也。行而民莫不说者，致其良知而行之也。

古代的圣贤之人能做到见善恶之事而感同身受，看到有的百姓挨饿或者溺水就好像自己挨饿或溺水一样痛苦，看到有一个人的困难还没有得到妥善解决，自己的内心也非常痛苦。他们这样做的目的不是为了赢得天下百姓信任自己，而是为了让自己的致良知之心满足而已。尧舜禹三位圣人，他们的话百姓没有不信的，是因为他们都是以致良知的心在说话。他们的行为百姓没有不喜欢的，是因为他们都是以致良知的标准在要求自己的行动！

4. 后世良知之学不明，天下之人用其私智以相比轧，是以人各有心，而偏琐僻陋之见，狡伪阴邪之术，至于不可胜说。外假仁义之名，而内以行其自私自利之实，诡辞以阿俗，矫行以干誉。损人之善而袭以为己长，讦人之私而窃以为己直。忿以相胜而犹谓之徇义。险以相倾而犹谓之疾恶，妒贤忌能而犹自以为公是非，恣情纵欲而犹自以为同好恶。

圣贤之后的时代致良知的学说不够兴盛，大家都用自己自私的小聪明互相争斗，于是大家各有各的心思想法，这些想法大都是低俗浅陋的观点，虚伪阴险的伎俩，类似这样的现象多得无法描述。对外打着仁义道德的幌子，实际做的都是自私自利的事情，用诡辩的言论来迎合世俗习气，矫情行事为的是沽名钓誉。打击否定别人的优点而炫耀自己的长处揭别人的短，反而暗自认为自己是正直；逞口舌之快用过激的语言压制对方，却自认为这是讲义气；用粗暴且恶毒的语言伤害对方，却自称是嫉恶如仇；妒贤嫉能却自认为明辨是非，无所节制地纵欲却自认为是"如好好色，如恶恶臭"！

5. 仆诚赖天之灵，偶有见于良知之学，以为必由此而后天下可得而治。是以每念斯民之陷溺，则为之戚然痛心，忘其身之不肖，而思以此救之，亦不自知其量者。天下之人见其若是，遂相与非笑而诋斥之，以为是病狂丧心之人耳。呜呼，是奚足恤哉？吾方疾痛之切体，而暇计人之非笑呼？

我的确是受到了上天的眷顾，才有幸发现致良知的学问，认为必须通过致良知然后天下可以实现太平繁荣。所以每想到还有百姓身处苦难险境，就真的很痛心难过，忘了自己的身体状况欠佳，而想着用自己的努力去拯救那些百姓，也不知道自己到底有没有这样的能力。很多人看到我这样的行为，就开始非议、嘲笑甚至诋毁斥责，认为我是丧心病狂的人。天啊，就算是这样，我会忧虑吗？我视天下百姓的痛苦就像我自己身体疼痛一样，哪儿有时间计较别人的非议和嘲笑？

6. 昔者孔子之在当时，有议其为谄者，有讥其为佞者，有毁其未贤，诋其为不知礼，而侮之以为东家丘者，有嫉且疽之者，有恶而欲杀之者，晨门、荷蒉之徒，皆当时之贤士，且曰："是知其不可而为之者欤？"

即便是孔圣人，在当时那个时代，也有非议陷害他的，也有讽刺他为奸佞的，也有诋毁说他不是贤士且不知礼的，有侮辱他是"东家丘"的，有嫉妒且诅咒他的，有厌恶他甚至想杀他的，就连晨门、荷蒉这样的贤士也说孔子是明知不可为而为之！

7. 仆之不肖，何敢以夫子之道为己任。顾其心亦已稍知疾痛之在身，是以彷徨四顾，将求其有助于我者，相与讲去其病耳。今诚得豪杰同志之士，扶持匡翼，共明良知之学于天下，使天下之人皆知自致其良知，以相安相养，去共自私自利之蔽，一洗谗妒胜忿之习，以济于大同。则仆之狂病固将脱然以愈，而终免于丧心之患矣。岂不快哉！

我的才华和修为还不够，哪里敢将孔夫子追求的道作为自己的使命？但凡注意一下内心就知道有疾病在身，所以内心彷徨到处寻找可以帮助我的人，希望能给我讲讲如何去除这些疾病。今天的确得到这么多志同道合之士的相助，共同向天下弘扬致良知的学问，让天下更多的人都知道如何实现致良知，进而互惠互利，去除自私自利的弊病，彻底改变谗妒胜忿等一切不良习气，为天下大同做出自己一点贡献。如果能这样，我身上的疾病自然可以彻底痊愈，并且可以避免患丧心之病，这样多好啊！

学习感言

不积跬步,无以至千里;不积小流,无以成江海。写下学习感言的过程,是知识沉淀的过程,也是梳理内心的过程!

三十、心中有他人，行动才有力量

一个人心中装下的人越多，能够影响的人也越多，成就自然越大。一个人如果心中只有自己，就是一个自私的人；如果心中有父母，就是一个孝顺的人；如果心中有妻儿，就是一个慈爱的人；如果心中有朋友，就是一个仗义的人；如果心中有团队，就是一个有领导力的人；如果心中有天下黎民百姓，就是领袖或圣贤之人！

这个"心中有"怎么理解呢？不是你想着他们就是心中有，而是要把他们的快乐当成自己的快乐，把他们的痛苦当成自己的痛苦，像爱自己一样爱他们！

王阳明之所以能够快速在百姓心目中树立威望，就是因为他心中有百姓，视百姓疾苦如自身切肤之痛，所以他总是能够知道百姓在想什么、想要什么！这种境界和水平靠作秀是做不到的,必须在心中真的装下百姓,才能有像阳明先生如此大的胸怀和智慧!

台塑集团创始人王永庆,他创办的企业进入世界工业企业50强,这是华人创办的企业首个获此殊荣的。王永庆是一个非常有智慧的企业家,他的经营思想与"致良知"理论高度吻合,而他的成功也是致良知伟大力量的见证!

王永庆是一个普通茶农的儿子,十五岁被父亲送进米店当学徒,十六岁就开始自己开米店,并没有人教他怎么做生意,也没有经营高手指点他如何击垮对手,他也没有做生意的经验和特殊的背景,就是在这样的情况下,王永庆的创业生涯开始了,他居然把米店开得风生水起。

开店做生意,地段很重要,仅在这一带就有30多家米店,而只有200元旧台币的王永庆只能选择地段很差的店铺,米店开业初期门可罗雀、生意惨淡,大家都很不看好这个十六岁小伙子的米店。在这样的情况下,王永庆静下心来考虑一件事:我为什么要自己开米店?我的初心是开一家什么样的米店?怎么做才能让更多的人喜欢上我的米店?

他当学徒的时候发现现在的米店存在很多问题,比如:服务意识差、米中的杂质多、价格高,而王永庆看不惯这样的米店,认为做生意就要为顾客着想,所以就想着能开一家不一样的米店。怎么才能开一家不一样的米店呢?王永庆也没见过更好的米店,更好的米店应该是什么标准呢？既然没有既定的标准，就按照自己内心的声音去行动吧，假如自己是顾客，对现在的米店有哪些不满意？期待出现什么样的米店？一切回到内心的原点，答案就出现了。

一般米店服务意识差，王永庆就提供送米上门服务。年轻人上班时间紧张，家里有老人行动不方便的，王永庆就免费送米上门，不管刮风下雨，王永庆坚持兑现这个送米上门的承诺。以前的米加工设备落后，米中有很多糠、石子儿等杂质，买卖双方都习以为常了，可是王永庆却坚持把米中的杂质筛干净，赢得了顾客的高度好评。王永庆不是简单把米送到顾客家，而是要提供一套服务，比如帮助行动不便的老人把米缸中的陈米倒出来，把米缸擦干净，再把新米放进去，然后提醒顾客先吃陈米，陈米时间久了就不好吃了，感动得很多老人家握着他的手感谢他。王永庆还会把顾客一家有几口人、每天吃多少米、什么时间发薪水都记录在册，预计顾客家中的米快吃完了，他就把米送过去，如果还没发薪水，还可以赊账，等待发薪水了，他再上门收取米钱，顾客都很支持他，一切进展很顺利，就这样，王永庆拥有了一大批铁粉儿级的顾客，铁了心的要坚持在王永庆米店买米。王永庆的米店名气越来越大，生意越来越好，他自己也从一个16岁的小伙子成长成为一位真正的商人，确切地说，是一位致良知的好商人！这种致良知的经营理念深深扎根于王永庆的内心，从此不管换什么行业，做什么生意，他始终坚守这种致良知的经营原则，所以才有了后来的巨大成就，成为华人企业家的学习榜样！

　　这就是致良知的力量，至诚胜于至巧，再多的技巧也比不过致良知，再多的经验也比不过"心中有顾客"，致良知的人能回到内心的原点，具备无限智慧，知道如何做正确的事情，所以说致良知可以唤醒内心更伟大的自己，是打开智慧宝库的金钥匙！

真　我	假　我
利他	自私
心中装下他人	心中只有自己
真诚相待	玩弄技巧

经典原文鉴赏

《与黄宗贤书》

人在仕途，比之退处山林时，其工夫之难十倍，非得良友时时警发砥砺，则其平日之所志向，鲜有不潜移默夺，驰然日就于颓靡者。

近与诚甫言，在京师相与者少，二君必须预先相约定，彼此但见微有动气处，即须提起致良知话头，互相规切。

凡人言语正到快意时，便截然能忍默得；意气正到发扬时，便翕然①能收敛得；愤怒嗜欲正到胜沸时，便廓然能消化得：此非天下之大勇者不能也。

然见得良知亲切时，其工夫又自不难。缘此数病，良知之所本无，只因良知昏昧蔽塞而后有，若良知一提醒时，即如白日一出，而魍魉自消矣。《中庸》谓："知耻近乎勇。"所谓知耻，只是耻其不能致得自己良知耳。今人多以言语不能屈服得人为耻，意气不能陵轹②得人为耻，愤怒嗜欲不能直意任情得为耻，殊不知此数病者，皆是蔽塞自己良知之事，正君子之所宜深耻者。今乃反以不能蔽塞自己良知为耻，正是耻非其所当耻，而不知耻其所当耻也。可不大哀乎！

诸君皆平日所知厚者，区区之心，爱莫为助，只愿诸君都做个古之大臣。古之所谓大臣者,更不称他有甚知谋才略,只是一个"断断无他技","休休如有容"而已。诸君知谋才略,自是超然出于众人之上,所未能自信者,只是未能致得自己良知,未全得断断休休体段耳。今天下事势,如沉疴③积痿,所望以起死回生者,实有在于诸君子。若自己病痛未能除得,何以能疗得天下之病!此区区一念之诚,所以不能不为诸君一竭尽者也。

诸君每相见时,幸默以此意相规切之,须是克去己私,真能以天地万物为一体,实康济得天下,挽回三代之治,方是不负如此圣明之君,方能报得如此知遇,不枉了因此一大事来出世一遭也。病卧山林,只好修药饵苟延喘息。但于诸君出处,亦有痛痒相关者,不觉缕缕至此。幸亮此情也!

注解

①翕然(xī rán):安宁、和顺;忽然;突然。

②陵轧(líng zhá):欺凌,倾轧。

③沉疴(chén kē):重病;久治不愈的病。

延伸阅读

黄绾：1477—1551年，字宗贤，号久庵、石龙，浙江黄岩县洞黄（今温岭市岙环镇照谷村）人。少时刻苦治学，卓有所得，后承祖荫官后军都督府都事，晚年官至南京礼部尚书兼翰林学士。

正德五年（1510年），经储瓘引见，结识王阳明，次日阳明、甘泉和宗贤订终生共学之盟。不久因病归家，迁址江北新宅，于紫霄山樊川书院旧址办石龙书院，研究阳明心学。为捍卫王学，经常与人辩论，阳明说："吾党之良，莫有及者。"嘉靖元年（1522年），起用为南京都察院经历。

黄绾是阳明的好友和早期入室弟子，一生笃信和践行王学。阳明殁后，绾上疏表阳明四大功无人能及，王学三大要旨皆本先民之言，出自孔孟之论；还收留阳明遗孤正亿并抚养成人，且嫁女于正亿。可见黄绾对阳明先生之尊敬和对王学之推崇。

1. 人在仕途，比之退处山林时，其工夫之难十倍，非得良友时时警发砥砺，则其平日之所志向，鲜有不潜移默夺，驰然日就于颓靡者。

人在官场上（修身），与退处山林时相比，那工夫要困难十倍，假如没有良友时时提醒相互砥砺，那么他平日里的志向，很少不会被潜移默化，一天天松懈以至于颓废萎靡不振的。

2. 凡人言语正到快意时，便截然能忍默得；意气正到发扬时，便翕然能收敛得；愤怒嗜欲正到胜沸时，便廓然能消化得：此非天下之大勇者不能也。

大凡一个人说话正到快意的时候就能截然忍住，沉默不说；意气正到发扬时就能翕然收敛得住；愤怒和嗜欲正到顶点时就能廓然消除：这些如果不是天下大智大勇之人是做不到的。

3. 若良知一提醒时，即如白日一出，而魍魉自消矣。《中庸》谓："知耻近乎勇。"所谓知耻，只是耻其不能致得自己良知耳。今人多以言语不能屈服得人为耻，意气不能陵轧得人为耻，愤怒嗜欲不能直意任情得为耻，殊不知此数病者，皆是蔽塞自己良知之事，正君子之所宜深耻者。今乃反以不能蔽塞自己良知为耻，正是耻非其所当耻，而不知耻其所当耻也。可不大哀乎！

良知一旦被唤醒，就如太阳出来，魑魅魍魉自然消失。《中庸》说："知道什么是耻辱，就近于懂得什么是勇了。"所谓知耻，只是以他不能获得自己的良知为耻罢了。现在，人们多把言语不能使别人屈服作为耻辱，以意气不能凌驾于别人之上为耻辱，以愤怒和嗜欲不能任意释放为耻辱，这几种病态心理都是因为自己的良知被蒙蔽才导致的，正人君子都以这样的行为为耻辱。当今天下反而有以不能蒙蔽自己良知为耻辱的，恰恰以不该感到耻辱的为耻，却不知以应该感到耻辱的为耻，是非善恶荣辱不分，这不是大大的悲哀吗?

4. 只愿诸君都做个古之大臣。古之所谓大臣者，更不称他有甚知谋才略，只是一个"断断无他技"，"休休如有容"而已。

只希望诸位君子都做个古代大臣那样的人。古代所谓的大臣，并不是因为他有什么智谋才略，只是一个"耿介正直，能够干净利落地发表自己的意见，即使没有别的长处，但他心胸宽广，能够容纳他人"的人罢了。

5. 今天下事势，如沉疴积痿，所望以起死回生者，实有在于诸君子。若自己病痛未能除得，何以能疗得天下之病!

如今，天下的形势好比一个重病多年，希望起死回生的人，这实在寄希望于诸位了。假如自身的病患还没有除去，又如何能够疗救天下的疾病!

学习感言

不积跬步，无以至千里；不积小流，无以成江海。写下学习感言的过程，是知识沉淀的过程，也是梳理内心的过程！

三十一、学会让步也是一种修为

后人有学者评价阳明先生狂傲,这大概是不做深入了解的缘故吧,阅读阳明先生的经典原文,我们会发现先生是非常批判"狂傲"的,他认为"人生大病,只是一傲字",并且经常在书信中告诫弟子、家人不要有傲慢之心。大部分人都会经历一个年轻气盛、心直口快的阶段,尤其是那些饱读诗书、意气风发的书生,胸怀安邦定国之志,自然特别想有机会一展自己的才华,阳明先生年轻时也不例外,看他小时候写的诗和刚中进士就迫不及待写下的《陈言边务疏》,就知道阳明先生跟大多数意气风发的书生一样,并不是一开始就有多么高的心性修为。但经历被贬龙场九死一生的艰难险境后,阳明先生真正活明白了,龙场悟道不仅是搞明白了"圣人之道,吾性自足"这一点,实现了"习气消而本性复",原来身上那些棱角也消失了,从"为所欲为"进步到了"为所应为",

学会让步也是一种修为

实现了心境的突飞猛进。

明武宗正德十四年（1519年），宁王朱宸濠率兵十余万造反，气势汹汹，整个国家都被推到了战争的悬崖边上，正值危难之时，王阳明主动承担起了平定宁王叛乱的艰巨任务，与其说主动，倒不如说是别无选择！宁王是非常看重阳明先生这个大才的，一直想拉拢阳明先生做他的军师，宁王很清楚，尽管兵马粮草充足，要想真正成大事，还是需要一位运筹帷幄的军师，否则难有胜算。也许阳明先生意识到了宁王要图谋不轨，也或许是他不愿意攀附权贵，总之始终不与宁王走得太近，所以当宁王想假借宴请置阳明先生于死地的时候，先生躲过了这一劫。

阳明先生在兵马粮草一无所有的情况下，靠不凡的智慧运筹帷幄，仅用三十五天就平定了宁王朱宸濠酝酿多年的叛乱，这是中国历史上奇迹中的奇迹。朱宸濠造反刚开始，形势非常危急，叛乱大军要进犯南京，而平叛的大军却刚刚从北京出发，如果不拖住朱宸濠的大军，一旦南京沦陷，整个战局就会发生质的变化，朝廷就会危在旦夕。阳明先生为了拖住朱宸濠叛军，伪造兵部调兵公文以及朱宸濠部下将领与朝廷的密信，有人劝阳明先生说："朱宸濠不是那么容易上当的，他一定会知道这是伪造的公文！"阳明先生笑着说："我不需要他相信，但他看到这些公文会不会心生怀疑？"大家说："会！"阳明先生说："那就对了，他只要一疑，这事儿就成了！"结果朱宸濠果然心生怀疑，取消了进军南京的计划，退守南昌，贻误了战机，给王阳明留出了平叛备战的时间。

阳明先生强调："胜负之决只在此心动与不动！"就在他暗中运筹备战的时候，朱宸濠叛军内部却开始乱了阵脚，当然这跟阳明先生的心理战是有直接关系的。后来阳明先生效仿赤壁之战大败朱宸濠，并且活捉了朱宸濠，据说他听到大获全胜时只是淡淡回应了一句"知道了"，好像一切都是情理之中的事情，"心兵不乱、万事从容"说的就是这种状态！

可就当大家都为这次平叛大捷欢欣鼓舞的时候，却听到一个非常不好的消息，正德皇帝朱厚照率领大军已经浩浩荡荡开来，要御驾亲征与朱宸濠一决雌雄，结果这仗这么快就打完了，而正德皇帝正迫不及待地要与朱宸濠决战呢，怕皇帝扫兴，于是皇帝身边的宦官就扣下了平叛捷报，并且封锁了消息。

阳明先生上书进谏阻止正德皇帝御驾亲征，仗都打完了，皇帝还带着大军开过来，一路上需要有巨大军费开支，势必给各地增加沉重负担，为了江山社稷和百姓利益，阳明先生上书进谏阻止这场根本没必要的御驾亲征。皇帝身边的宦官又一次扣下了奏折，并且指责王阳明此举是欺君之罪！救江山社稷于危难之时，却被扣上了欺君的帽子，这也真够让人郁闷的，阳明先生的下属都纷纷为其鸣不平。正在这个时候，阳明先生收到指令，被要求立即释放朱宸濠，让朱宸濠与正德皇帝的大军进行决战。这也太荒唐了，现在放了朱宸濠，不就是放虎归山吗？阳明先生也开始发火了，世上竟有如此荒唐的事儿，不过转念一想，算了，退一步，于是阳明先生说为了确保万无一失，待皇帝到了南昌，我们再释放朱宸濠。于是等正德皇帝到了南昌，阳明先生释放了朱宸濠，朱宸濠披挂上阵，没跑出多远就被正德皇帝活捉了，这平定宁王朱宸濠之乱的功绩就跟阳明先生没啥关系了。

面对如此荒唐的事情，阳明先生选择了让步，他认为这也是一种修心的机会，能够管得住自己的性子，不被情绪所干扰，才能有大作为。他上书进谏阻止皇帝御驾亲征也不是为了自己邀功，而是为了不劳民伤财，既然阻止无效，皇帝来都来了，把平定宁王之乱的历史功勋让给正德皇帝也无所谓，"志于道德者，功名不足于累其心"，一切是那么的自然而然！

真　我	假　我
敢于担当	自私逃避
有大局观	心胸狭隘
懂得让步	冥顽不化

经典原文鉴赏

《答陆原静书》（节选）

来信云："良知亦有起处，"云云。此或听之未审。良知者，心之本体，即前所谓恒照者也。心之本体，无起无不起。虽妄念之发，而良知未尝不在。但人不知存，则有时而或放耳。虽昏塞之极，而良知未尝不明，但人不知察，则有时而或蔽耳。虽有时而或放，其体实未尝不在也，存之而已耳。虽有时而或蔽，其体实未尝不明也，察之而已耳。若谓良知亦有起处，则是有时而不在也，非其本体之谓矣。

来书云："良知，心之本体，即所谓性善也，未发之中也，寂然不动之体也，廓然大公也，何常人皆不能而必待于学邪？中也，寂也，公也，既以属心之体，则良知是矣。今验之于心，知无不良，而中、寂、大公实未有也，岂良知复超然于体用之外乎？"性无不善，故知无不良。良知即是未发之中，即是廓然大公、寂然不动之本体，人人之所同具者也。但不能不昏蔽于物欲，故须学以去其昏蔽。然于良知之本体，初不能有加损于毫末也。知无不良，而中、寂、大公未能全者，是昏蔽之未尽去，而存之未纯耳。体即良知之体，用即良知之用，宁复有超然于体用之外者乎？

来书云："尝试于心，喜、怒、忧、惧之感发也，虽动气之极，而吾心良知一觉,即罔然消阻,或遏于初,或制于中,或悔于后。然则良知常若居优闲无事之地而为之主,于喜、怒、忧、惧若不与焉者,何欤?"知此,则知未发之中、寂然不动之体,而有发而中节之和、感而遂通之妙矣。然谓"良知常若居于优闲无事之地",语尚有病。盖良知虽不滞于喜、怒、忧、惧,而喜、怒、忧、惧亦不外于良知也。

来书云:"养生以清心寡欲为要。夫清心寡欲,作圣之功毕矣。然欲寡则心自清,清心非舍弃人事而独居求静之谓也。盖欲使此心纯乎天理,而无一毫人欲之私耳。今欲为此之功,而随人欲生而克之,则病根常在,未免灭于东而生于西。若欲刊剥洗荡于众欲未萌之先,则又无所用其力,徒使此心之不清。且欲未萌而搜剔以求去之,是犹引犬上堂而遂之也,愈不可矣。"

必欲此心纯乎天理,而无一毫人欲之私,此作圣之功也。必欲此心纯乎天理,而无一毫人欲之私,非防于未萌之先而克于人萌之际不能也。防于未萌之先而克于方萌之际,此正《中庸》"戒慎恐惧"、《大学》"致知格物"之功。舍此之外,无别功矣。夫谓灭于东而生于西、引犬上堂而逐之者,是自私自利、将迎意必之为累,而非克治洗荡之为患也。今曰"养生以清心寡欲为要",只"养生"二字,便是自私自利、将迎意必之根。有此病根潜伏于中,宜其有灭于东而生于西、引犬上堂而逐之之患也。

来书云:"'质美者明得尽,渣滓便浑化。'如何谓明得尽?

如何而能便浑化？"良知本来自明。气质不美者，渣滓多，障蔽厚，不易开明。质美者，渣滓原少，无多障蔽，略加致知之功，此良知便自莹彻，些少渣滓，如汤中浮雪，如何能作障蔽。此本不甚难晓，原静所以致疑于此，想是因一"明"字不明白，亦是稍有欲速之心。向曾面论明善之义，"明则诚矣"，非若后儒所谓明善之浅也。

来书云："聪明睿知，果质乎？仁义礼智，果性乎？喜怒哀乐，果情乎？私欲客气，果一物乎？二物乎？古之英才，若子房、仲舒、叔度、孔明、文中、韩、范诸公，德业表著，皆良知中所发也，而不得谓之闻道者，果何在乎？苟曰此特生质之美耳，则生知安行者，不愈于学知困勉者乎？愚者窃云，谓诸公见道偏则可，谓全无闻，则恐后儒崇尚记诵训诂之过也。然乎否乎？"性一而已。仁、义、礼、知，性之性也。聪、明、睿、知，性之质也。喜、怒、哀、乐，性之情也。私欲、客气，性之蔽也。质有清浊，故情有过不及，而蔽有浅深也。私欲、客气，一病两痛，非二物也。张、黄、诸葛及韩、范诸公，皆天质之美，自多暗合道妙，虽未可尽谓之知学，尽谓之闻道，然亦自有其学违道不远者也。使其闻学知道，即伊、傅、周、召矣。若文中子则又不可谓之不知学者，其书虽多出于其徒，亦多有未是处，然其大略，则亦居然可见。但今相去辽远，无有的然凭证，不可悬断其所至矣。夫良知即是道，良知之在人心，不但圣贤，虽常人亦无不如此。若无有物欲牵蔽，但循著良知发用流行将去，即无不是道。但在常人多为物欲牵蔽，不能循得良知。如数公者，天质既自清明，自少物欲为之牵蔽，则其良知之发用流行处，自然是多，自然违道不远。学者学循此良知而已。谓之知学，只是知得专在学循良知。数公虽未知专在良知上用功，而或泛滥于多歧，疑迷于影响，是以或离或合而未纯。若知得时，便是圣人矣。后儒尝以数子者尚皆是气质用事，未免于行不著，习不察。此亦未为过论。但后儒之所谓著、察者，亦是狃于闻见之狭，蔽于沿习之非，而依拟仿像于影响形迹之间，尚非圣门之所谓著、察者也。则亦安得以己之昏昏，而求人之昭昭也乎？所谓生知安行，"知行"二字亦是就用功上说。若是知行本体，即是良知良能。虽在困勉之人，亦皆可谓之生知安行矣。"知行"二字更宜精察。

来书云："昔周茂叔每令伯淳寻仲尼、颜子乐处。敢问是乐也，与七情之乐同乎？否乎？若同，则常人之一遂所欲，皆能乐矣，何必圣贤？若别有真乐，则圣贤之遇大忧、大怒、大惊、大惧之事，此乐亦在否乎？且君子之心常存戒惧，是盖终身之忧也，恶得乐？澄平生多闷，未尝见真乐之趣，今切愿寻之。"乐是心之本体，虽不同于七情之乐，而亦不外于七情之乐。虽则圣贤别有真乐，而亦常人之所同有，但常人有之而不自知，反自求许多忧苦，自加迷弃。虽在忧苦迷弃之中，而此乐又未尝不存，但一念开明，反身而诚，则即此而在矣。每与原静论，无非此意，而原静尚有何道可得之问，是犹未免于骑驴觅驴之蔽也。

来书云："《大学》以心有好乐、忿懥、忧患、恐惧为不得其正，而程子亦谓：'圣人情顺万事而无情。'所谓有者，《传习录》中以病疟譬之，极精切矣。若程子之言，则是圣人之情不生于心而生于物也。何谓耶？且事感而情应，则是是非非可以就格。事或未感时，谓之有则未形也，谓之无则病根在有无之间，何以致吾知乎？学务无情，累虽轻，而出儒入佛矣，可乎？"

圣人致知之功，至诚无息。其良知之体，皦①如明镜，略无纤翳，妍媸之来，随物见形，而明镜曾无留染：所谓"情顺万事而无情"也。"无所住而生其心"，佛氏曾有是言，未为非也。明镜之应物，妍者妍，媸者媸，一照而皆真，即是生其心处。妍者妍，媸者媸，一过而不留，即是无所住处。病疟之喻，既已见其精切，则此节所问可以释然。病疟之人，疟虽未发，而病根自在，则亦安可以其疟之未发，而遂忘其服药调理之功乎？若必待疟发而服药调理，则既晚矣。致知之功，无闲于有事无事，而岂论于病之已发未发邪？大抵原静所疑，前后虽若不一，然皆起于自私自利、将迎意必之为祟。此根一去，则前后所疑，自将冰消雾释，有不待于问辨者矣。

①曒（jiǎo）：该字古同"皎"，洁白，明亮的意思。又玉石洁白的；分明；清晰：清白的意思。

延伸阅读

陆澄字原静,又字清伯,湖之归安人,正德丁丑(1517年)进士,授刑部主事。

陆澄萌生辞官归乡,索居山间,深造自得之意。阳明对陆澄寄予厚望,信中说:"自曰仁殁后,吾道益孤,致望原静者亦不浅。"并以孔子弟子子夏离群索居之过规劝陆澄要在朝中事上磨练,积极应对人情事变。

1. 良知者,心之本体,即前所谓恒照者也。心之本体,无起无不起。虽妄念之发,而良知未尝不在。但人不知存,则有时而或放耳。

良知是心的本体,也就是前面说到的恒照。心的本体,无所谓有无开端。即使妄念产生了,良知依然存在。但有时人们不知存养良知,会导致放失了。

对上述这句话可以这样理解:夫恶念者,习气也,善念者,本性也。人的本性都是善的,人心的本体就是良知,之所以会有恶念恶行是因为习气导致的,习气就像阴霾,良知就像太阳,阴霾可以遮住太阳,但太阳永远不会消失。

2. 虽昏塞之极,而良知未尝不明,但人不知察,则有时而或蔽耳。虽有时而或放，其体实未尝不在也，存之而已耳。虽有时而或蔽，其体实未尝不明也，察之而已耳。

就是人糊涂闭塞到极点，良知仍旧光明。但是，人不知体察，有时就会被蒙蔽。即使有时放失了，良知的本体并未消失，此时只要存养它就够了。即使有时被蒙蔽，良知的本体仍旧光明，此时只要体察它也就够了。

每一个的内心世界都住着一位圣贤，一旦致良知，人人皆圣贤，圣贤与普通人的区别在于前者努力保持良知的清澈不被蒙蔽，而后者由于各种私欲杂念和扭曲的价值观导致良知被蒙蔽。但不管是圣贤还是普通人，良知永远都在，即便是恶人都有良知，一旦恶人放下了恶的念头，去掉了恶的习气，良知就会闪现。其实这个良知从来就没有消失过，只是被暂时遮蔽了而已，就像阴霾遮住了太阳，可是太阳仍在，一旦阴霾散去，阳光仍可以普照大地！

3.性无不善，故知无不良。良知即是未发之中，即是廓然大公、寂然不动之本体，人人之所同具者也。但不能不昏蔽于物欲，故须学以去其昏蔽。然于良知之本体，初不能有加损于毫末也。

人的本性没有不善良的，因此发自内心的认知没有不良的。良知就是没有起心动念之前的中正状态，就是廓然大公、寂然不动的本体，每个人都有。但是，良知难免会遭受到物欲的蒙蔽，所以就需要通过不断的学习来去除蒙蔽。然而这种蒙蔽，对于良知的本体是不会有丝毫损伤的。

4.虽动气之极，而吾心良知一觉，即罔然消阻，或遏于初，或制于中，或悔于后。

喜怒忧惧的情感产生了，即便愤怒到极点，只要我心的良知觉醒了，就能缓解或消失，有时在开始时被遏止，有时在发作中被扼制，有时在发作后才后悔。

5.盖良知虽不滞于喜、怒、忧、惧，而喜、怒、忧、惧亦不外于良知也。

先生认为："良知虽不停滞在喜怒忧惧的情感上，但喜怒忧惧也不在良知之外。"良知是心的主宰，心是身体的主宰。即便眼睛看上去很美的东西，如果心里的良知认为它不正当，就不敢看；即便嘴里吃起来味道很好的东西，心里面认为吃它不正当，就不敢吃；即便耳朵听起来很舒服的声音，心里认为听它不正当，就不敢听！这就是良知对心的主宰作用。

6.必欲此心纯乎天理，而无一毫人欲之私，此作圣之功也。

必欲此心纯乎天理，而无一毫人欲之私，非防于未萌之先而克于人萌之际不能也。防于未萌之先而克于方萌之际，此正《中庸》"戒慎恐惧"、《大学》"致知格物"之功。舍此之外，无别功矣。

此心一定要完全合乎天理，无丝毫的私欲，这是成为圣人的功夫。要想此心完全合乎天理，无丝毫的私欲，就要在私欲未萌生之前加以防范或者在私欲产生的时候加以克制。在私欲萌生之前就加以防范或者在私欲产生的时候加以克制，这就是《中庸》中的"戒慎恐惧"、《大学》中的"致知格物"功夫。除此而外，再无其他的功夫了。

　　7.良知本来自明。气质不美者，渣滓多，障蔽厚，不易开明。质美者，渣滓原少，无多障蔽，略加致知之功，此良知便自莹彻，些少渣滓，如汤中浮雪，如何能作障蔽。

　　良知原本就是纯净的。综合修养差的人，不但渣滓多，遮蔽也厚，他的良知就不容易光明显现。综合修养好的人，本来渣滓少，遮蔽也薄，稍加致知的功夫，他的良知就能晶莹透彻，些许渣滓仿佛沸水中的浮雪，怎么能成为障碍呢？

　　8.性一而已。仁、义、礼、知，性之性也。聪、明、睿、知，性之质也。喜、怒、哀、乐，性之情也。私欲、客气，性之蔽也。质有清浊，故情有过不及，而蔽有浅深也。私欲、客气，一病两痛，非二物也。

　　对人性的解释唯有一个标准。仁义礼智是人性的本质，聪明睿智是人性的气质，喜怒哀乐是人性的情感，私欲虚伪是人性的障蔽。气质有清浊之分，因此，情有过与不及之分，而蒙蔽也就有了深浅之别。私欲和虚伪是一种病，两处痛，并非两回事。

9. 夫良知即是道，良知之在人心，不但圣贤，虽常人亦无不如此。若无有物欲牵蔽，但循著良知发用流行将去，即无不是道。但在常人多为物欲牵蔽，不能循得良知。

良知，即为道，良知就在人的心中，不仅圣贤，就是常人也是如此。若没有物欲牵累蒙蔽，只遵循着良知去思考和行动，那将会无时无处不是道。但是常人大多被物欲牵累蒙蔽，不能做到遵循良知而已。

10. 乐是心之本体，虽不同于七情之乐，而亦不外于七情之乐。虽则圣贤别有真乐，而亦常人之所同有，但常人有之而不自知，反自求许多忧苦，自加迷弃。虽在忧苦迷弃之中，而此乐又未尝不存，但一念开明，反身而诚，则即此而在矣。

乐是心的本体，这种乐虽然与七情的乐不同，但也不在七情的乐之外。圣贤虽有真正的乐，但普通人也同样具备这种真正的乐，只是普通人有了这种乐，自己却不知道，相反，他们却自寻烦恼忧苦，自己糊里糊涂地迷失了方向。即使在烦恼迷失的时候，这种真正的乐也未曾消失。只要一念顿悟，真诚反求自身，与本体相同，就能体会到这种乐。

这段话的含义是：君子之乐，乐在能得到自己所追求的道义，而小人之乐，则乐在得到自己所追求的欲望。用道义来制止欲望，就能乐而不乱，是真正的君子之乐；在欲望中追求快乐，就会使人伤感而忘却道义，终归是乐的反面。

11. 圣人致知之功，至诚无息。其良知之体，皦如明镜，略无纤翳，妍媸之来，随物见形，而明镜曾无留染；所谓"情顺万事而无情"也。"无所住而生其心"，佛氏曾有是言，未为非也。明镜之应物，妍者妍，媸者媸，一照而皆真，即是生其心处。妍者妍，媸者媸，一过而不留，即是无所住处。

圣人致知的功夫是至诚不息的。圣人的良知本体，光亮如镜，没有一丝灰尘，就像在镜子面前，美的和丑的都会原形毕露，然而镜子上并未留下任何印迹。这正是所谓的"情顺万事而无情"。"无所住而生其心"，佛教这句话，说的很正确。明镜照物，美的呈现为美，丑的呈现为丑，一照就是它的真实面目，也就是"生其心"。美的为美，丑的为丑，照过之后一切都不留下，这就是"无所住"。

学习感言

不积跬步，无以至千里；不积小流，无以成江海。写下学习感言的过程，是知识沉淀的过程，也是梳理内心的过程！

三十二、做大担当大自在的强者

评价一个人物通常有两个维度,一个维度是"担当",一个维度是"自在",通常分为四个类型,一种是"大担当,大自在";一种是"大担当,不自在";一种是"不担当,大自在";一种是"不担当,不自在"。

大担当靠能力,大自在靠心力,我们通常容易以那些"大担当,不自在"的人作为标杆和榜样,这些人的代名词就是"鞠躬尽瘁,死而后已",比如诸葛亮。这样的人虽然能力强,有担当,但是心力不足,典型表现就是活得很累,动不动就伤心落泪,胜于能力却败于心力。

当然也有很多追求大自在的人,放弃了担当,比如很多出家为僧、修道访仙的帝王将相,他们原本应该有大担当,但是由于内心追求大自在,于是决定放弃担当,云游四海,这虽然获得了自在，但毕竟是逃避的选择，我们并不提倡。

芸芸众生都属于"不担当、不自在"，能力不够，心力更不足，虽然没什么重担，但是天天感觉不自在，格局不够，烦恼不断。

以阳明先生为代表的心学大家，追求的是"大担当，大自在"，就是要在做事的过程中去修心，既要提升能力，又要提升心力，不逃避、不抱怨，直面一切，坚信"万化根源总在心"，心强大了，人就自在了，能力强了，事儿就简单了。

历史上败于心力不足的案例太多了，比如贵族出身的楚霸王项羽，论能力，力拔山兮气盖世，绝对是大英雄，可是心性修为不够，能赢不能输，顺境下还能保持英雄气概，逆境中就会"心生内乱"。而他的对手汉高祖刘邦，出身普普通通，是在一次次失败中摸爬滚打历练出来的，所以心性修为比项羽就更高一筹。项羽容易一意孤行，而刘邦擅长集众人所长；项羽容易脾气暴躁，而刘邦能做到心如止水；项羽容易内心受挫，而刘邦擅长鼓舞士气；由此可见，真正打败项羽的并不是刘邦，而是他自己狂躁的性情和不够强大的心！

后人看三国，往往褒蜀国贬魏国，褒刘备贬曹操，可从心性修为来看曹操和刘备，二人却实在不是同等量级。我们都比较熟悉三国的赤壁之战，曹操几十万大军被杀得所剩无几，落荒而逃，途中大将许褚痛哭，曹操说："哭什么哭？不就是四十万大军吗？回到许昌，我再还你四十万大军，给我笑一个！"许褚破涕为笑，众将士军心大振!

再看刘备,为了给二弟报仇,放弃联吴抗魏的战略部署,兴兵伐吴,被火烧连营七百里,结果回到蜀中一蹶不振,郁郁而终!从这个角度来看曹操和刘备,二人在心性修为上还是有很大差别的,曹操一生吃了不少败仗,但总是能重振雄风,刘备从三国鼎立后就没怎么吃过败仗,所以抗打击能力就稍逊于曹操,可见修心还需事儿上磨练,强大的内心都是经过一次次的艰难磨练造就的!

> 人人自有定盘针,
>
> 万化根源总在心,
>
> 却笑从前颠倒见,
>
> 枝枝叶叶外头寻。

回顾阳明先生这首小诗,我们发现所有关于人生成败的秘密都在其中,希望大家从内心深处唤醒更伟大的自己,成为大担当、大自在的强者!

真 我	假 我
自在担当	不自在不担当
乐观	悲观
心兵不乱	心生内乱

经典原文鉴赏

《陈九川录》（节选）

陈九川（1494—1562年），字惟浚，号明水。江西临川人。授太常博士。因谏明武宗南巡，廷杖五十。后又任礼部郎中，受诬下狱。后复官，周游讲学。

原文：

己卯归自京师，再见先生于洪都。先生兵务倥偬①，乘隙讲授，首问："近年用功何如？"九川曰："近年体验得'明明德'功夫只是'诚意'。自'明明德于天下'，步步推入根源，到'诚意'上再去不得，如何以前又有格致功夫？后又体验，觉得意之诚伪必先知觉乃可，以颜子'有不善未尝不知，知之未尝复行'为证，豁然若无疑。却又多了格物功夫。又思来吾心之灵何有不知意之善恶？只是物欲蔽了。须格去物欲，始能如颜子未尝不知耳。又自疑功夫颠倒，与诚意不成片段。后问希颜。希颜曰：'先生谓格物致知是诚意功夫，极好。'九川曰：'如何是诚意功夫？'希颜令再思体看。九川终不悟，请问。"

先生曰："惜哉！此可一言而悟，惟浚所举颜子事便是了。只要知身、心、意、知、物是一件。"

九川疑曰："物在外，如何与身、心、意、知是一件？"

先生曰:"耳、目、口、鼻、四肢,身也,非心安能视、听、言、动?心欲视、听、言、动,无耳、目、口、鼻、四肢亦不能。故无心则无身,无身则无心。但指其充塞处言之谓之身,指其主宰处言之谓之心,指心之发动处谓之意,指意之灵明处谓之知,指意之涉着处谓之物,只是一件。意未有悬空的,必着事物。故欲诚意,则随意所在某事而格之,去其人欲而归于天理,则良知之在此事者,无蔽而得致矣。此便是诚意的功夫。"

九川乃释然破数年之疑。

九川问:"近年因厌泛滥之学,每要静坐,求屏息念虑,非惟不能,愈觉扰扰,如何?"

先生曰:"念如何可息,只是要正。"

曰:"当自有无念时否?"

先生曰:"实无无念时。"

曰:"如此却如何言静?"

曰:"静未尝不动,动未尝不静。戒谨恐惧即是念,何分动静?"

曰:"周子何以言'定之以中正仁义而主静'?"

曰:"无欲故静,是'静亦定,动亦定'的'定'字,主其本体也。戒惧之念,是活泼泼地,此是天机不息处,所谓'维天之命,于穆不已。'一息便是死,非本体之念即是私念。"

又问:"用功收心时,有声色在前,如常闻见,恐不是专一。"

曰:"如何欲不闻见?除是槁木死灰,耳聋目盲则可。只是虽闻见而不流去便是。"

曰:"昔有人静坐,其子隔壁读书,不知其勤惰。程子称其甚敬。何如?"

曰:"伊川恐亦是讥他。"

又问:"静坐用功,颇觉此心收敛。遇事又断了,旋起个念头,去事上省察。事过又寻旧功,还觉有内外,打不作一片。"

先生曰:"此格物之说未透。心何尝有内外?即如惟浚,今在此讲论,又岂有一心在内照管?这听讲说时专敬,即是那静坐时心。功夫一贯,何须更起念头?人须在事上磨炼做功夫,乃有益。若只好静,遇事便乱,终无长进。那静时功夫亦差,似收敛而实放溺也。"

后在洪都,复与于中、国裳论内外之说,渠皆云:"物自有内外,但要内外并着,功夫不可有间耳!"以质先生。

曰:"功夫不离本体,本体原无内外;只为后来做功夫的分了内外,失其本体了。如今正要讲明功夫不要有内外,乃是本体功夫。"

是日俱有省。

庚辰往虔州,再见先生,问:"近来功夫虽若稍知头脑,然难寻个稳当快乐处。"

先生曰:"尔却去心上寻个天理。此正所谓理障。此间有个诀窍。"

曰:"请问如何?"

曰："只是致知。"

曰："如何致知。"

曰："尔那一点良知，是尔自家底准则。尔意念着处，他是便知是，非便知非，更瞒他一些不得。尔只不要欺他，实实落落依着他做去，善便存，恶便去，他这里何等稳当快乐。此便是格物的真诀，致知的实功。若不靠着这些真机，如何去格物？我亦近年体贴出来如此分明，初犹疑只依他恐有不足，精细看，无些小欠阙。"

在虔，与于中、谦之同侍。先生曰："人胸中各有个圣人，只自信不及，都自埋倒了。"因顾于中曰："尔胸中原是圣人。"

于中起不敢当。

先生曰："此是尔自家有的，如何要推？"

于中又曰："不敢。"

先生曰："众人皆有之，况在于中，却何故谦起来？谦亦不得。"

于中乃笑受。

又论："良知在人，随你如何，不能泯灭，虽盗贼亦自知不当为盗，唤他作贼，他还忸怩[2]。"

于中曰："只是物欲遮蔽。良心在内，自不会失，如云自蔽日，日何尝失了。"

先生曰："于中如此聪明，他人见不及此。"

先生曰："这些子看得透彻，随他千言万语，是非诚伪，到前便明。合得的便是，合不得的便非，如佛家说心印相似，真是个试金石，指南针。"

先生曰："人若知这良知诀窍，随他多少邪思枉念，这里一觉，都自消融。真个是灵丹一粒，点铁成金。"

崇一曰："先生致知之旨发尽精蕴，看来这里再去不得。"

先生曰："何言之易也？再用功半年看如何，又用功一年看如何。功夫愈久，愈觉不同。此难口说。"

九川问曰："伊川说到'体用一原、显微无间'处，门人已说是泄天机。先天致知之说，莫亦泄天机太甚否？"

先生曰："圣人已指以示人，只为后人掩匿，我发现耳，何故说泄？此是人人自有的，觉来甚不打紧一般，然与不用实功人说，亦甚轻忽可惜，彼此无益。与实用功而不得其要者提撕之，甚沛然得力。"

又曰："知来本无知，觉来本无觉。然不知则遂沦埋。"

先生曰："大凡朋友，须箴规③指摘处少，诱掖奖劝意多，方是。"

后又戒九川云："与朋友论学，须委曲谦下，宽以居之。"

九川卧病虔州。先生云："病物亦难格，觉得如何？"

对曰："功夫甚难。"

先生曰："常快活便是功夫。"

九川问："自省念虑，或涉邪妄，或预料理天下事。思到极处，井井有味，便缱绻难屏。觉得早则易，觉迟则难。用力克治，愈觉扞格④。惟稍迁念他事，则随两忘。如此廓清，亦似无害。"

先生曰："何须如此，只要在良知上着功夫。"

九川曰："正谓那一时不知。"

先生曰："我这里自有功夫，何缘得他来。只为尔功夫断了，便蔽其知。既断了，则继续旧功便是，何必如此？"

九川曰："真是难鏖，虽知，丢他不去。"

先生曰："须是勇。用功久，自有勇。故曰'是集义所生者'，胜得容易，便是大贤。"

九川问："此功夫却于心上体验明白，只解书不通。"

先生曰："只要解心。心明白，书自然融会。若心上不通，只要书上文义通，却自生意见。"

有一属官，因久听讲先生之学，曰："此学甚好，只是簿书讼狱繁难，不得为学。"

先生闻之，曰："我何尝教尔离了簿书讼狱，悬空去讲学？尔既有官司之事，便从官司的事上为学，才是真格物。如问一词讼，不可因其应对无状，起个怒心；不可因他言语圆转，生个喜心；不可恶其嘱托，加意治之；不可因其请求，屈意从之；不可因自己事务烦冗，随意苟且断之；不可因旁人谮毁⑤罗织，随人意思处之。有许多意思皆私，只尔自知，须精细省察克治，惟恐此心有一毫偏倚，杜人是非，这便是格物致知。簿书讼狱之间，无非实学。

若离了事物为学,却是着空。"

于中、国裳辈同侍食。先生曰:"凡饮食只是要养我身,食了要消化。若徒蓄积在肚里,便成痞了,如何长得肌肤?后世学者博闻多识,留滞胸中,皆伤食之病也。"

先生曰:"圣人亦是'学知',众人亦是'生知'。"

问曰:"何如?"

曰:"这良知人人皆有。圣人只是保全无些障蔽,兢兢业业,亹亹翼翼,自然不息,便也是学。只是生的分数多,所以谓之生知安行。众人自孩提之童,莫不完具此知,只是障蔽多,然本体之知难泯息,虽问学克治,也只凭他。只是学的分数多,所以谓之'学知利行'。"

①倥偬(kǒng zǒng):事情纷繁迫促;匆忙。

②忸怩(niǔ ní):有羞愧、踌躇,犹豫、退缩不前、局缩不伸貌、犹辗转之意。

③箴规(zhēn guī):劝诫规谏。

④扞格(hàn gé):互相抵触,格格不入。

⑤谮毁(zèn huǐ):谗间毁谤。

延伸阅读

陈九川（1494-1562年）字惟濬，又字惟浚，号竹亭，后号明水。江西临川人，明中期理学家、诗人，崇尚心学，曾拜王守仁为师，是江右王门的代表人物。

陈九川生于明孝宗弘治七年，卒于世宗嘉靖四十一年，年六十九岁，正德九年（1514年）进士，授太常博士。武宗南巡寻欢作乐，陈九川与赣籍官员修撰舒芬、考功员外郎夏良胜、礼部主事万潮等，连疏谏反对，触怒武宗，入狱，罚跪午门五昼夜，廷杖几死，削为民，此四人被称为"江西四谏"。世宗即位后，复任礼部主客司郎中，又因改革旧制，"正贡献名物，节犒赏费数万"，得罪权贵，遭诬陷入狱，流放镇海卫（今福建龙海县镇海乡）。遇赦复官，后辞官归家，家中迭遭变故，父母兄弟俱亡，精神颓丧，先后移居临川明水山（今临川温泉乡境内）及县城（今抚州市）拟岘台等处，以读书、讲学自遣，易号明水，周游讲学名山以终。

1. 耳、目、口、鼻、四肢，身也，非心安能视、听、言、动？心欲视、听、言、动，无耳、目、口、鼻、四肢亦不能。故无心则无身，无身则无心。但指其充塞处言之谓之身，指其主宰处言之谓之心，指心之发动处谓之意，指意之灵明处谓之知，指意之涉着处谓之物，只是一件。意未有悬空的，必着事物。故欲诚意，则随意所在某事而格之,去其人欲而归于天理,则良知之在此事者,无蔽而得致矣。此便是诚意的功夫。

耳目口鼻及四肢,是人的身体,若没有心岂能视、听、言、动?心想视、听、言、动,若没有耳目口鼻及四肢也不行。因此讲,没有心就没有身,没有身也就没有心。从它充盈空间上来说称为身,从它主宰上来说称为心,从心的发动上来说称为意,从心的灵明上来说称为知,从意的涉及外来说称为物,都是一回事。意是不能悬的,必须牵涉到事物。所以,要想诚意,就跟随意所在的某件事去"格",剔除私欲而回归到天理,那么,良知在这件事上,就不会被蒙蔽而能够"致"了。诚意的功夫正在这里。

阳明先生以"正心"、"诚意"来代替"格物"的观点,使许多学者仁人深受教益。

2. 无欲故静,是"静亦定,动亦定"的"定"字,主其本体也。戒惧之念,是活泼泼地,此是天机不息处,所谓"维天之命,于穆不已"。一息便是死,非本体之念即是私念。

没有欲念自然会静,周敦颐说的"定"也就是"静亦定,动亦定"中的"定","主"就是指主体。戒慎恐惧的念头是活泼的,正体现了天机的流动不息,这也就是所谓的"维天之命,于穆不已"。一旦有停息也就是死亡,不是从本体发出的念即为私心杂念。

3. 如何欲不闻见？除是槁木死灰，耳聋目盲则可。只是虽闻见而不流去便是。

怎么能不想听，怎么能不想看？除非是死灰槁木，耳聋眼瞎之人。虽然听见看见了，只要心不去跟随它也就行了。

4. 人须在事上磨炼做功夫乃有益。若只好静，遇事便乱，终无长进。

人必须在事上磨炼，在事上用功才会有帮助。若只爱静，遇事就会慌乱，始终不会有进步。

5. 功夫不离本体，本体原无内外；只为后来做功夫的分了内外，失其本体了。如今正要讲明功夫不要有内外，乃是本体功夫。

功夫不离本体，本体原无内外。只是因为后来做功夫的人将它分成内外，丧失了本体。现在正是要讲明功夫不要分内外，这个才是本体的功夫。

6. 尔那一点良知，是尔自家底准则。尔意念着处，他是便知是，非便知非，更瞒他一些不得。尔只不要欺他，实实落落依着他做去，善便存，恶便去，他这里何等稳当快乐。此便是格物的真诀，致知的实功。

你的那点良知，正是你自己的行为准则。你的意念所到之处，正确的就知道正确，错误的就知道错误，不可能有丝毫的隐瞒。只要你不去欺骗良知，真真切切地依循着良知去做，如此就能存善，如此就能除恶。此处是何等的稳当快乐！这些就是格物的真正秘诀，致知的实在功夫。

朱熹说："穷理,穷究得尽,得其皮肤是表也,见得其奥是里也。"意思是说，必须经过这样由表及里的认识过程，才能得到良知，才能存善除恶。

7. 人胸中各有个圣人，只自信不及，都自埋倒了。

每个人的胸中自有一个圣人，只因自信心不足，自己把圣人给埋没了。

8. 良知在人，随你如何，不能泯灭，虽盗贼亦自知不当为盗，唤他作贼，他还扭怩。

良知在人身体上，不管你怎么样，它也泯灭不了。比如盗贼，他也明白不应该去偷窃，说他是贼，他也会羞愧而不好意思。

9. 只是物欲遮蔽。良心在内，自不会失，如云自蔽日，日何尝失了。

那只是被物欲给蒙蔽了。良知在人的心中，不会自己消失。仿佛乌云遮住太阳，而太阳是不会就此不存在的。

10.这些子看得透彻，随他千言万语，是非诚伪，到前便明。合得的便是，合不得的便非，如佛家说心印相似，真是个试金石，指南针。人若知这良知诀窍，随他多少邪思枉念，这里一觉，都自消融。真个是灵丹一粒，点铁成金。

把这些道理都理解透了，随他万语千言，是非真伪，一看就会知道。符合良知的就正确，不符合良知的就不正确。这与佛教所谓的"心印"差不多，的确是个试金石、指南针。人若深谙良知的诀窍，任他有多少邪思歪念，只要良知一发觉，自然就会消融。有如灵丹一粒，点铁成金。

阳明先生认为"良知"和"知识"的关系是：从体用上看，良知是本体，知识是发用；从先天和后天上看，良知是先天存在的，"不学而能，不虑而知"，而知识是后天获得的，"必待学而能，必待虑而知"。

11.九川问曰："伊川说到'体用一原、显微无间'处，门人已说是泄天机。先天致知之说，莫亦泄天机太甚否？"

先生曰："圣人已指以示人，只为后人掩匿，我发现耳，何故说泄？此是人人自有的，觉来甚不打紧一般，然与不用实功人说，亦甚轻忽可惜，彼此无益。与实用功而不得其要者提撕之，甚沛然得力。"

九川问："当程颐说到'体用一源，显微无间'时，门人都说他泄露了天机。先生的致知学说，是不是也过多地泄露了天机。"

先生说："圣人早就把致良知告诉了世人，只是后人把它隐匿了，而我使他重新显露而已，怎能说这是泄露天机？致知是每个人生来就有的，虽觉察到也不能引起重视。因而，我向没有切实用功的人说致知，他不屑一顾，可惜互相无益处。我向切实用功但把握不住要领的人揭示致知，他感到获益匪浅。"

12. 知来本无知，觉来本无觉。然不知则遂沦理。

理解了，才明白自己原本是无知的；觉悟了，才明白自己原来是没有觉悟的。然而，如果不理解这一点，很多道理就不会明白。

明代武宗正德十六年（1521年），王阳明提出了"致良知"的观点。这是他对自己卓越一生实践的理论总结。"致良知"是阳明先生最推崇的理论学说，被称为"千古圣圣相传的一点真骨血"和"孔门正法眼藏"。

13. 须是勇。用功久，自有勇。故曰"是集义所生者"，胜得容易，便是大贤。

致良知必须有勇气，用功久了，自会有勇。因此孟子说"是集义所生者"。容易取胜，就是大贤人。

14. 只要解心。心明白，书自然融会。若心上不通，只要书上文义通,却自生意见。

只用在心上解释。心理解了,书上的文义自然融汇贯通。若心不理解,只去解释书上的文义,相反只会使人有牵强附会的感觉。

阳明先生强调从心上理解书上的文义,"吾心之良知"为世界之本体,这与陆九渊的"宇宙即是吾心,吾心即是宇宙"的理论观点是一致的。

15. 不可因其应对无状,起个怒心;不可因他言语圆转,生个喜心;不可恶其嘱托,加意治之;不可因其请求,屈意从之;不可因自己事务烦冗,随意苟且断之;不可因旁人谮毁罗织,随人意思处之。有许多意思皆私,只尔自知,须精细省察克治,惟恐此心有一毫偏倚,枉人是非,这便是格物致知。

不可因其应对无状,起个怒心;不可因他言语圆转,生个喜心;不可恶其嘱托,加意治之;不可因其请求,屈意从之;不可因自己事务烦冗,随意苟且断之;不可因旁人谮毁罗织,随人意思处之。这里所讲的一切情况都是私,唯你个人清楚。你必须仔细省察克治,唯恐心中有丝毫偏离而枉人是非,这就是格物致知。

这是阳明先生对一位下属官员说的话,告诉他如何在工作中进行格物致知。

关于格物致知的功夫,王阳明提出了"无事时存养"和"有事时省察"两种方法。所谓"有事时省察",强调的是在处世、工作中按照良知的要求去行事，他认为这就是"真格物"，"在事上磨"，通过日常事务，"实地用功"，去体会并实践致良知。

16. 这良知人人皆有。圣人只是保全无些障蔽，兢兢业业，亹亹翼翼，自然不息，便也是学。只是生的分数多，所以谓之生知安行。众人自孩提之童，莫不完具此知，只是障蔽多，然本体之知难泯息，虽问学克治，也只凭他。只是学的分数多，所以谓之'学知利行'。

良知人人皆有。圣人只是保全他而不让他遭受任何蒙蔽，兢兢业业，勤勤恳恳，良知自然常存，实现这一点的途径就是学习。只是因为生而知之的比例大，所以称生知安行。天下的人在孩提时都具备良知，只是障碍、遮蔽太多。然而，那本体的良知是难以被泯灭的，即便是通过后天学习解决"障蔽"的问题，也是在依循良知。只是学的比例大，所以称"学知利行"。

学习感言

_____

_____

_____

_____

_____

_____

_____

_____

不积跬步,无以至千里;不积小流,无以成江海。写下学习感言的过程,是知识沉淀的过程,也是梳理内心的过程!

向王阳明先生致敬!

王阳明的一生是成功的,实现了立功、立德、立言"真三不朽",成为从祀孔庙的圣人。

王阳明这一生是辛苦的,带着重病之躯奉召平叛剿匪,在返回的途中病逝,将最后一点热血献给了江山社稷。

王阳明这一生是坎坷的,被投诏狱,被贬龙场,几经生死,几经磨难,多次被人诽谤陷害,却坚守着内心的良知!

王阳明这一生是充实的,在军务政务缠身,高强度工作节奏下坚持讲学,门下弟子三千,成为一代心学宗师!

王阳明这一生是幸运的,龙场悟道,真我觉醒,生命因致良知而伟大,他不仅唤醒了自己,更唤醒了天下人!

谨以此书向王阳明先生致敬!

参考文献

王文成公全书/(明)王守仁著;中华书局 2015.6

王阳明全集/(明)王阳明著;华中科技大学出版社 2014.12

王阳明的心学正是中国传统文化中的精华，也是增强中国人文化自信的切入点之一。

　　　　　　　——习近平
　　　　　　　2015年习近平总书记
　　　　　　　在参加全国"两会"讨论时指出

　　王阳明思想的核心是"致良知"和"知行合一"。有了致良知，才能够知行合一。知行合一，是致良知的外部表现。致良知是知行合一背后的理论支撑。阳明心学应时代需要而生，目的是为了指明当时社会和民族的前进方向，为了挽救世道人心。

　　　　　　　——许嘉璐
　　　　　　　"人类智慧与共同命运"
　　　　　　　首届中国阳明心学高峰论坛上的讲话